「お役立ちの心」でチームが動き出す

価値を創造するチームのつくりかた

松井達則
MATSUI TATSUNORI

幻冬舎 MC

「お役立ちの心」でチームが動き出す
価値を創造するチームのつくりかた

はじめに

昨今のように変化の激しい時代においては、多くの企業がイノベーションを試みます。しかし、経営者や幹部がトップダウンで推し進めるだけでは、イノベーションを生み出すことはできません。

ボストンコンサルティンググループが実施している「イノベーション企業ランキング」という世界各国のさまざまな企業の経営幹部に向けたイノベーションへの取り組みについての調査によると、2023年度は1位にアップル、2位はテスラ、3位はアマゾンでした。日本企業は、31位のソニーが最高で、33位が日立製作所、そして47位がNTTであり、50位以内に入ったのはこの3社だけでした。

かつて、日本企業は多くのイノベーションを生み出してきました。インスタントラーメンも、CDプレイヤーも、QRコードも、LEDも日本企業が開発したものです。もちろん、一部の優れた人材が開発をリードしたものもありますが、開発したものを商品化し、世の中に送り出すためにはチームで動く必要があります。つまり、日本企業は長年にわたって強いチーム力を維持してきたことになります。

本田技研工業の歴史を支えた「ワイガヤ」もチームで動くことの大切さを象徴したものです。年齢や階層を超えたグループで話し合い、物事の本質に深くアプローチして新たな価値を生み出してきました。本田技研のイノベーションはワイガヤの文化があったからこそ低公害エンジンのＣＶＣＣや二足歩行ロボットのＡＳＩＭＯといった、本田技研ならではの開発を続けられてきたのだと考えます。

かつては多くの企業で、膝を突き合わせて議論をしたり、終業後の飲み会でお酒を酌み交わしながら本音で語り合ったり、喫煙所で部門を超えてディスカッションをしたりするといった場面が随所に見られました。ワイワイガヤガヤと話し、創造性を発揮する場が山ほどあったのです。

しかし新型コロナの出現により、世界は一変してしまいました。テレワークやオンラインミーティングが主流となり、直接膝を突き合わせて話す機会が減っています。また、若いビジネスパーソンは会社での飲み会を好まない人も多く、かつてのように仕事帰りに一緒に飲みに行くといった姿は減りました。喫煙率の低下から、喫煙所トークもほとんどありません。つまり、メンバー同士が意見をぶつけ合う場面は明らかに減っているのです。

コロナ禍を経て、ビジネス環境は大きく変化しています。そして、若い方々のビジネスに対する価値観、中堅の方々のキャリアに対する価値観、シニアの方々の生き方に対する価値観もそれぞれ変わっています。

「時代は変わった」「今のチームはこんなもの」というあきらめから、ほとんどの企業は何も手を打つことができていません。その結果、メンバー同士のコミュニケーションは減り、淡々としたミーティングが行われ、場合によってはお互い何をしているかさえ認識していないようなチームが続々と生まれています。このような状況が続いては、イノベーションを起こすどころか、従業員エンゲージメントが低下し、業績にも悪影響を及ぼす恐れがあります。

現在私が代表を務めている株式会社ジェックは、1964年に経営層のリーダーシップ開発、営業への商談トレーニング（コンサルティング・セールス・トーク）等の人材開発から歴史をスタートさせ、これまでに約2万2000社の実績があります。現在は営業部門・サービス部門といった「人的接点部門」への支援を中心にさまざまなコンサルティング、人材開発プログラムを提供しています。

数多くのコンサルティングを手掛けるなかで、今の日本企業における既存のチーム体制というものに危機感を持つようになりました。時代の変化をとらえ、成長するためには、複数人のチームで知恵を出し合って新たな価値を生み出し続けなくてはなりません。そこで、これまでのさまざまなコンサルティング経験から「チームの力を高める」ことの重要性とノウハウを伝えようと考え筆をとりました。

本書ではこれからの時代に創造性を発揮するチームをつくるためにはどうすればよいかというところに焦点を当てました。キーワードは「お役立ちの創造」です。一人ひとりが自分ならではの「お役立ち」をはっきりと持つ。そして、チームが社会に対してどのような「お役立ち」をするかを考える。その結果、顧客の思考の先を行く新たな「お役立ち」を創造することにつながります。

皆さんと一緒に創造的なチームづくりを追求していきたいと思っています。

目次

はじめに　2

第1章
これからの時代に求められるチームの在り方
デジタル化の加速で増えた「醒めたチーム」
危機を迎えているチームの力　12
AI時代に求められるチームの創造性　15
「これまでのチーム」を捨てることができるか？　19

第2章
「お役立ち」の追求が人間にしか創造できない価値を生み出す

AIには代替できない「お役立ち創造チーム」とは

創造的なチームが求められている　26

チームは「お役立ち」を追求せよ　28
「本当にお客様の立場に立つ」ことがスタート　30
お客様のお客様視点で、「お役立ち創造」を追求　33
「お役立ち創造」が企業にもたらすメリット　36

第3章

チームメンバーの心に〝お役立ちの火〟をともす

「お役立ち創造チーム」づくりのステップ

お役立ち創造チームへのステップ　50
STEP1：お役立ちの火をともす　53
STEP2：お役立ちを忘れる　69
STEP3：お役立ちのタネを発掘する　76
STEP4：お役立ちのケミストリーを起こす　80
STEP5：お役立ち共創サイクルを回す　90

第4章

チームの創造性が高まるか否かはリーダーの手腕で決まる

「お役立ち創造チーム」を機能させるリーダーシップ

チームのコンセプトチェンジをする　96
ナンバー2を育てる（コォ・イノベーターの育成）　103
ディス・イノベーターを改善する　110
褒めるだけでなく、語らせる　117
チーム内でインクルージョンに挑む　119
ルールを明確にし、厳守させる　127

第5章

企業の持続的な発展へ向けて――

「お役立ち道の文化」をチームから企業へ浸透させる

持続的にお役立ちを創造する文化をつくる「お役立ち道の文化」　132

3つの価値観のバランスによる組織文化の違い　137
「お役立ちの価値観」を高めるために　142
「挑戦の価値観」を高めるために　148
「協調の価値観」を高めるために　154

おわりに　164
参考文献　168

第 1 章

デジタル化の加速で増えた
「醒めたチーム」

これからの時代に
求められる
チームの在り方

危機を迎えているチームの力

時代の変化が激しく、市場やお客様のニーズが多様になっている現在、スピーディーに新たな価値を創造していくことが求められます。そのためには、チームで知恵を出し合うことが必須です。しかし、ビジネスにおけるデジタル化が加速し、チームの状況が変わりつつあります。この章では、これからの時代に求められるチームの在り方を考えます。

私は毎年、管理職向けのコンサルティングや研修を数多く担当しています。そのなかで管理職の皆さんに必ず聞く質問があります。それは「会議の際に、メンバーは積極的に発言しますか？」というものです。かつては「はい、メンバーは積極的に発言してくれます」という人が半分、「いいえ、メンバーがぜんぜん発言してくれなくて困っています……」という人が半分といった割合でした。

しかし、ある時期を境に状況が変わり、「メンバーの発言が少ない」と答える管理職が一気に増えました。ある企業では管理職研修に参加した約20人全員が「メンバーの発言が少ない」と答えたのには驚かされました。このような経験は初めてだったため、最初はこの企業特有の事情かと考えました。しかし、他の企業でも多くの管理職が同じ反応を示すようになっていったのです。

この状況をつくった大きな原因の一つは、新型コロナウイルス感染症です。２０２０年から猛威を振るった新型コロナにより多くの企業でテレワークが導入されました。Zoom や Teams といったオンラインツールを活用したオンラインミーティングが常態化し、いつでもどこでも、気軽にミーティングができるとともに、画面共有やファイルのやり取りも簡単になり、大変便利になりました。と、同時にこのオンラインミーティングが、メンバーの発言を一気に少なくしたという現実があります。

ある企業のオンライン会議に参加した際のことです。そこには10人ほどの参加者がいましたが、司会の課長以外は画面をOFFにして誰も顔を出していません。課長が淡々と議事を進めていきますが、メンバーは聞いているのか聞いていないのかも分かりません。たまに課長が「○○さん、この点報告をお願いします」というと、ミュートを外して話し始めるので聞いてはいるようですが、自分から能動的に発言する人はまったくいませんでした。オンラインミーティングが普及し始めた当初は、そのような状況に違和感を覚える人が多かったはずですが、繰り返していくうちに当たり前になってしまい、違和感が消えていきます。私が「誰も顔を出さないのは良くないのではないか」と指摘したところ、「え、何が悪いのですか？　ちゃんと話を聞いているのだからいいじゃないですか」と迷惑そうに言われたこともあります。

新型コロナの猛威は過ぎ去りましたが、顔と顔を合わせて会話をしない、本音で意見をぶつけ合わない、否定もしなければ賛成もしないといった「醒めたチーム」が増えています。この状況には非常に強い危機感があります。

イノベーションは一部の優れた人材だけでは生み出せません。一人ひとりがアイデアをぶつけ合い、化学反応を起こして新たな価値を生み出すことが必要です。「醒めたチーム」では、化学反応を起こすことは難しく、チームとして新たなアイデアを生み出すことは困難です。また、チームワークも高まらず、チーム全体としての業績も向上しづらくなります。

AI時代に求められるチームの創造性

一方で「チームとして新たな価値など生み出す必要はないのでは？」という意見も聞かれます。リーダーがチームメンバーの日々の業務を管理し、ミスなく業務を回していれば、チームとしては機能しているという考えです。また、「そんな優秀なチームばかりではない。イノベーションを起こせるチームなどほとんどない」と言い切る人もいます。つまり、醒めたチームでも問題ないという論調です。

確かに、会社から与えられたタスクをミスなくこなし、会社の期待どおりの成果を出すというレベルであれば、新たな価値など生み出す必要はありません。また、醒めたチームはメンバー同士の本音のコミュニケーションが少なく、一見すると衝突が起きづらいため、就任したばかりのリーダーは楽にマネジメントできるように感じることもあります。

しかし、そのような考えを持ったままでは、今後のビジネスでは立ち行かなくなります。なぜなら昨今はＡＩの発展が目覚ましく、この先、多くの職務がＡＩに取って代わる可能性があるからです。２０１５年の野村総合研究所とオックスフォード大学の共同研究（野村総合研究所、２０１５）によれば、「日本の労働人口の49％が人工知能やロボット等で代替可能になる」と述べています。ただし「創造性や協調性、サービス志向性が求められる業務に関しては、人工知能やロボットでの代替は難しい」とも指摘しています。これは「人間だからこそできる業務」に意識を集中することが求められるということを示しています。

チームビルディングのプロセス（タックマンモデル）

段階 1	形成期	チームが立ち上がったばかりで、お互いのことをよく知らない
段階 2	混乱期	目標や進め方に対する意見の食い違いから、対立が生まれる
段階 3	統一期	目標や各メンバーの役割が決まり、統一感が生まれる
段階 4	機能期	チームに結束力が生まれ、高いパフォーマンスを発揮する
段階 5	散会期	メンバーの異動やチームの解散などで、チームの活動が終わる

ブルース . W. タックマン（1977）『Tuckman's stages of group development』を参考に加筆

醒めたチームでは創造性や協調性、より良いサービスを志向することが難しいことは言うまでもありません。メンバー同士が自分の意見を出し合い、本音で議論し、ともに新たな価値を生み出す創造的なチームになって初めて、AI時代でも価値のあるチームになれます。

醒めたチームができてしまう原因は、チームビルディングのプロセスで有名なタックマンモデルにヒントが隠されています。チームビルディングとは、メンバー一人ひとりの能力を最大限に発揮し、目標達成ができるチームをつくることであり、タックマンモデルとは、チームビルディングのプロセスを段階

1〜段階5に整理したものです。段階1：形成期ではお互いのことをよく知らず緊張感のある状態、段階2：混乱期で対立しながら本音でぶつかり合い、段階3：統一期でチームとしてのまとまりができてきて、段階4：機能期でパフォーマンスが高まる。このようなプロセスをたどって目標達成できるチームへ成長していきます。

もちろんタックマンモデルのようにチームビルディングされ、目標達成できるたくましいチームに成長しているケースはたくさんあります。しかし、現在の企業におけるチームは「段階2：混乱期」が欠落しているケースが少なくありません。これも新型コロナの影響が大きいと考えています。新型コロナにより2020年の4月、初めての緊急事態宣言が出されました。そこで、多くの企業は慌ててリモートワークを実施し、ZoomやTeamsといったオンラインツールを急遽導入しました。リモートの状態で、どのようにチーム力を維持するか、そしてチーム力を高めていくかといったことを検討した企業は多くありません。手探りで、なんとなくリモートワークを始めてしまったのです。その結果、侃々諤々《かんかんがくがく》と行っていた本音の話し合いの機会が減りました。そのため、「段階2：混乱期」が欠落するようになったのです。

混乱期はお互いの意見の食い違いによる対立が生じる場面です。ここでお互いが本音で話し、一人ひとりの考えを確認し合い、最終的に認め合うからこそチームとしての土台ができます。その結果、「お互いの人となりが分かった。考え方も分かった。じゃあ、みんなで一緒にやっていこうよ！」という流れができ、統一期につながります。一方で、混乱期がないと一見穏やかな時間が流れます。しかし、お互いの人となりも、考え方も理解できていません。そのため、見せかけの統一期や機能期を演じる、醒めたチームになってしまうのです。

「これまでのチーム」を捨てることができるか？

企業の経営層や幹部と話をしていると「以前は、飲みに行って上司や先輩からいろいろな話が聞けたからよかったんだよ……」「昔は残業なんて気にせず、夜遅くまでみんなで語り合ったものだ」と、過去と現在を比べて嘆いていることがあります。かつてのチームは良かった、今のチームは物足りないという感覚です。私も一経営者として、気持ちが分からないでもありません。

先ほど紹介したタックマンモデルの「段階2：混乱期」は、日々メンバーが顔を突き合わせていたからこそ自然に発生し、就業後にも熱く会話をしていたからこそいつの間にか「段階3：統一期」が訪れていたのかもしれません。私も昔の職場を振り返ると、最初の段階でいろいろともめたチームが、徐々に一体感を増し、成果を上げていったという経験を何度もしています。

しかし、時代は変わりました。働き方改革で残業が減り、リモートワークでメンバー同士の会話も減り、就業後にお酒を飲みながら熱く語り合うことも減りました。これからの時代は、混乱期が自然に発生することは少ないでしょう。混乱期で本音のぶつかり合いをしていなければ真の統一期は訪れません。このままでは、パフォーマンスの高いチームを目指すことをあきらめるしかないかもしれません。もはや「これまでのチーム」は戻ってこないのです。メンバーが顔を合わせる時間が少なく、やり取りはオンライン、仕事以外の場での熱いやり取りはない。しかし、それが「これからのチーム」なのです。

そこで、私たちが持つべき考え方は「かつてのチームと、これからのチームはまったくの別物である」ということです。かつてのチームをイメージして物事を進めても、うまくいきません。なぜなら、状況がまったく違うからです。「これからのチームはまったくの別物」と考えて、かつてのチームのイメージを捨て去り、違ったアプローチができれば、これまで以上にパフォーマンスが高まるかもしれません。

私の会社が研修やコンサルティングにおいて重要視していることは、行動に影響を与えている考え方を思い切って変えてもらうことです。行動に影響を与える考え

行動理論改革モデル®

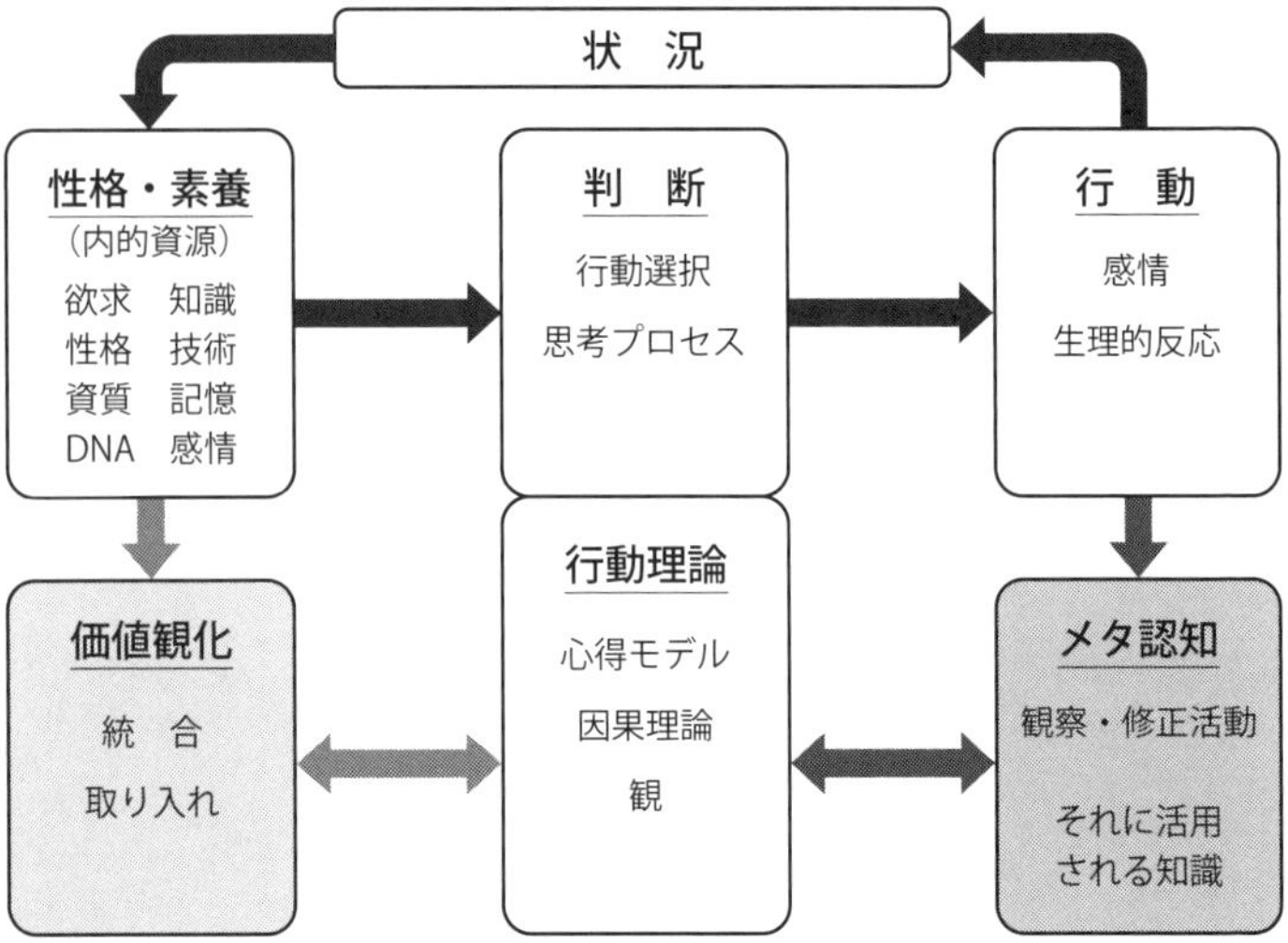

方という意味で「行動理論」と呼んでいます。「状況が変化したのだから、チーム力を高めるのは無理」という行動理論を「かつてのチームと、これからのチームはまったくの別物」「状況が変化したのだから、チームの在り方を変えることが必要」という行動理論にチェンジすることが必須なのです。

行動理論は人の判断そして行動に影響を与えます。自分の行動が、周りの状況をつくり出すため、「チーム力を高めるのは無理」という行動理論だと、メンバーに働きかけてコミュニケーションを取ることが少なくなります。これではますますチームに活気がなくなってしまい、その状況を見てやっぱりチーム力を高めるのは無理とこれまでの行動理論が強化されてしまいます。

状況を変えるためには、新たな考え方を学ぶ＝価値観化することが必要です。しかし、学んだだけでは腹に落ちず、その人の行動理論にはなりません。「なぜ、自分はメンバーに働きかけないのか？」「どんな考えに陥っているのか？」と自分を客観的に観察（メタ認知）し、今の行動及び行動理論に気づくことが大切になります。今の行動理論に気づくことができれば、新たな行動理論に変えていくことができるのです。

第2章

「お役立ち」の追求が
人間にしか創造できない価値を生み出す

AIには代替できない
「お役立ち創造チーム」
とは

創造的なチームが求められている

本格的なＡＩ時代の到来によって多くのビジネス業務はＡＩにとって代わります。私たちはＡＩをはじめとしたテクノロジーを最大限活用しつつ、「人間だからこそできる」創造的な業務に意識を集中していかなければなりません。また、顧客のニーズの変化に伴い、新たなビジネスを創造することも重要です。

私の実家はかつて書店を営んでいたのですが、コンビニエンスストアという新たなビジネスの台頭で閉店に追い込まれました。今では、Amazonをはじめとしたオンラインショップの台頭により出版業界の在り方が大きく変化していきます。また時間がないなか、手っ取り早く本を読みたいというニーズに合わせて、ＴＯＰＰＯＩＮＴやflierといった書籍の要約サービスも出現しています。刻々とニーズが変化し、新たなビジネスが創造されています。

「人間だからこそできる」そして「顧客の変化に対応する」ためには、ビジネスの種となる新たな価値を生み出す創造性が必要になります。ハーバード大学のアマビール教授によれば創造性とは「組織にとって新規性があり、潜在的に有用な製品や慣行、プロセス、手順に関するアイデアの開発」です。簡単に言い換えれば、新たなビジネスにつながる可能性のある、新たなアイデアを生み出すということです。

創造性というと、個人の資質の話なのではないかと考える人も多いようですが、アマビールの研究では創造性の発揮は組織から影響を受けることを明らかにしています。このなかの一つに「チームによるサポート」という項目があります。活発なコミュニケーションにより新たなアイデアを受け入れ合い、お互いに建設的に仕事に取り組み、信頼し合い、助け合い、自分たちの仕事に専念できていると実感できる、多様なスキルを持ったメンバーに囲まれている状態がチームによるサポートです。つまり、一人ひとりが創造性を発揮できるように、お互いが支え合っているチームが創造的なチームなのです。

一方で、チームが一人ひとりの創造性を阻害してしまうリスクもあります。アマビールの研究のなかでは、組織による妨げ（内部政治、新たなアイデアへの批判、激しい内部競争、リスク回避、現状維持志向）などは、創造性にマイナスの影響を与えることが示されています。

チームは「お役立ち」を追求せよ

企業におけるチームは、社会や顧客の役に立つために創造性を発揮することが必要です。堅苦しい表現をすると、「顧客価値」や「社会価値」を高めるということですが、私の会社ではビジネスを通じて顧客や社会の役に立つことを「お役立ち」と表現しています。企業におけるチームはお役立ちを追求するために創造性を発揮することが求められるのです。

お客様は役に立つと感じるからこそお金を払います。役に立たないものにお金は払いません。つまり、お役立ちの高い企業そしてチームはお客様に選ばれ、お金を得ることができ、業績は高まります。そして、得たお金を新たな価値創造に使い、より大きなお役立ちができるようになります。高い業績は、お客様に大きくお役立ち、ひいては社会にも大きくお役に立っている証であるといえます。

しかし、なかには「お客様をだまし、不正をして業績を上げている会社もある。お役立ちしていないのに儲かっているではないか」といった疑問を持つ人がいます。残念ながら、お客様を欺いて業績を上げている企業があるのは事実です。詐欺や偽装などで検挙される企業が報道されることもよくあります。しかし、お客様は企業のことをよく見ています。一時的に欺かれても、長期的に欺かれることはありません。つまり、お客様の役に立っていない企業は、一時的に業績が上がったように見えても、長く上げ続けることはできず、必ず淘汰されます。企業は業績を上げることそのものに目を向けるのではなく、お客様そして社会へのお役立ちに目を向けることが大切です。皆さんの会社の企業理念を見ていただければ分かると思いますが、「業績を上げよう」「儲けよう」とは書いていないはずです。「社会の役に立つ」「お客様の役に立つ」といったニュアンスの言葉が並んでいることが多いと思います。企業は社会そして顧客へのお役立ちを目的としているところがほとんどです。そしてお役立ちに目を向けるからこそ、さまざまなアイデアが生まれ、お客様にとってなくてはならない価値を提供できるのです。

企業におけるチームは「成果を出す」「業績を上げる」ことそのものをゴールにして動くと創造性が発揮されません。これまでのやり方、これまでの動きで数字を達成することだけに意識が向いてしまいます。お客様へのお役立ちをゴールに据え、徹底的に考え抜くことが求められるのです。

「本当にお客様の立場に立つ」ことがスタート

お役立ちを追求するということは、実は簡単ではありません。なぜなら、お客様が「役に立つ」と感じることをキャッチするのは容易ではないからです。「お客様に聞いて教えてもらえば良いではないか」と考える人もいるかもしれませんが、なかなかそううまくはいきません。というのも、お客様は皆さんの会社に興味がないからです。

自分がお客様の立場に立ってみればすぐに分かることです。例えば、今皆さんのオフィスで使っているイスと机はどこのメーカーのものか思い出してみてください。コクヨでしょうか、イトーキでしょうか、それとも内田洋行でしょうか。すぐに分かった人は多くないはずです。なぜなら、私たちは日々の業務に意識を集中しているため、イスや机に意識を向けず、ほとんど興味がないからです。

しかし、オフィス家具メーカーのコクヨ、イトーキ、内田洋行といった企業は皆さんの会社に新たなイスや販売しようと必死に営業をしています。どのようなイスや机が必要かということを皆さんに聞きたがっていますが、ほとんどの人は興味を持っていないのが実態なのです。正面から「どんなイスや机がいいですか？」と聞かれても、忙しくて答えることもしないかもしれません。

その反面、「いま、どのような業務が忙しいですか?」「いま、お客様からどんなことを求められていますか?」といった、業務に関わる具体的な話を聞かれた場合は答えるはずです。いつも意識を集中していることであれば、話すことはたくさんあるからです。相手がオフィス家具メーカーの人であったとしても「いま期末だから、オンライン商談がすごく多くて大変だよ」「お客様の納期が厳しいから、残業がなかなか減らなくて……」といったことを話すかもしれません。

皆さんが机やイスのことはまったく頭にないまま、業務のことを話したとします。それに対してオフィス家具メーカーの営業担当者が業務の役に立ちそうな話をしてきたら少しは耳を傾けるのではないでしょうか。例えば「オンライン商談が多いなら、オフィス内の声が気になりますよね。オンライン商談専用のスペースをつくりませんか?」「残業が多いと体が疲れますよね。疲れがたまりづらいイスを提案しましょうか?」という話をしてきたら少しは興味を持つと思います。

要は、まずは自社の商品・サービスを頭から外してお客様に聞いてみる、お客様の立場で考え抜くといったことがお役立ちのベースになります。

お客様のお客様視点で、「お役立ち創造」を追求

「そうか、じゃあ、自社の商品・サービスを抜きにしてお客様に悩みや問題を聞いてみよう！」と考えるだけではお役には立てません。なぜなら、ビジネス環境が激変している現在ではお客様自身が、何が問題で何が必要かをキャッチできていないことが多いからです。

私の会社には多くの自動車業界のクライアントがいます。自動車業界は電気自動車（EV）に大きくシフトしようとしています。電気自動車はガソリン車の半分程度の部品で出来ています。つまり、ガソリン車では使われていた多くの部品が電気自動車では使われなくなるのです。当然ながら電気自動車で使われなくなる部品メーカーは高

い危機感を持っています。現時点ではガソリン車もハイブリッド車もたくさん売れているため、業績は悪くありません。未来は不透明だが、今は儲かっている。この状況で「御社の問題はなんですか?」と聞かれても即座に答えるのは難しいと思います。

極端な例でしたが、自動車業界ほどではなくても、さまざまな業界で大きな変化が起きており、何が問題で何が必要なのか、お客様自身も分かっていないというのが実情です。

「お客様自身が、何が必要か分かっていないなら、お役立ちできないじゃないか!」という声も聞こえてきそうですが、このような状況でこそチームの創造性が問われます。お客様の未来のために必要なことを考え抜き、新たなお役立ちをつくり出します。現時点で、お客様が「役に立つ」と気づいていないことを創造するのです。これを私はお役立ち創造と呼んでいます。

例えば、今コンビニエンスストアでは安くておいしいコーヒーが飲めます。最初に店頭にコーヒーマシンを導入したのはセブン-イレブンの「セブンカフェ」です。

それまでもコンビニでコーヒーは売っていましたが、淹れたてではなくおいしいという印象はありませんでした。世の中を見てみると、スターバックスやタリーズといった本格的でおいしいコーヒーを提供するコーヒーショップが身近にたくさんあります。これまでのコンビニのコーヒーでは太刀打ちできません。

セブン－イレブンは「コーヒーを売るのをやめる」という選択もあったはずです。しかし、コーヒーショップの本格的なコーヒーは少々値が張りますし、コンビニほどは店舗数も多くありません。そこで、いつでも安くおいしいコーヒーを飲んでもらう、セブンカフェというお役立ちを創造したのです。

セブンカフェのコーヒーマシンを提供しているのは富士電機、豆を提供しているのは味の素ゼネラルフーズとUCC上島珈琲、カップを提供しているのは東罐興業です。各社がチームを組み、徹底的にコンビニに来店する消費者の立場で考え抜いたことが、セブンカフェをヒットさせた要因です。「消費者は何をしにコンビニに来るのか」「コンビニに何を求めているのか」「コンビニでコーヒーを買うとしたら、なぜ買うのか?」と考え、調べ抜いたはずです。その結果、コーヒーマシンの機能、カップのデザイン、コーヒーの味が決まり、実際に大ヒットしました。

つまり、お役立ち創造のためにはお客様の立場に立つだけではなく求めていることをキャッチする努力をすることが大切です。それを個人でこなすことは非常に困難です。お役立ち創造を追求するチームで力を合わせて行っていくことが求められます。

「お役立ち創造」が企業にもたらすメリット

創造的なチームをつくるためには、お役立ち創造を追求することが大切です。そして、多くの企業がその考え方についてはYESのはずです。しかし、実際にお役立ち創造を追求している企業は多くはありません。どうしても、「いまある自社の商品・サービスをどう売るか?」「どうやって業績を上げるか」だけに意識が向いてしまいます。つまり、お役立ち創造を追求するのは簡単ではないということです。

やる意味を感じられなければ、なかなか実行には至りません。

そこで、「お役立ち創造」を追求するチームが増えることで、企業にどのようなメリットがあるかを説明します。

（1）従業員のエンゲージメントが高まる

多くの企業が従業員エンゲージメントの向上に取り組んでいます。従業員エンゲージメントとは、従業員が会社の方向性に理解を示し、自発的に会社に貢献したいという意欲のことです。人的資本経営の一つの要素としてエンゲージメントの重要性が説かれていることと、従業員エンゲージメントが高まると業績も高まるといった研究結果があることから注目されています。

人事コンサルティングファームのタワーズワトソンによると、従業員エンゲージメントを高める重要なポイントは、「理解度」「共感度」「行動意欲」とされています。企業の理念を理解し、内容に対して共感し、企業の業績向上のために行動する意欲を高めるということです。多くの企業は自社の企業理念に関する教育を行っていますので理解度は促進されているでしょう。また企業理念の内容も魅力的なものが多く、経営層の努力によって共感度を高めることもできるはずです。

しかし、企業理念を理解して共感しても「じゃあ、何をすればいいの？」と考えてしまう人も多く、すぐに行動意欲が高まるわけではありません。そのうち、企業理念が頭から離れていき、徐々に理解も共感も薄れていくことになります。

ここで重要になってくるのがお役立ち創造なのです。社会課題、そしてお客様のお客様に目を向け、「このお客様にどうすればお役立ちできるか？」と考え抜いて、新たな価値を創造し、実際に行動してみる。自分が所属しているチームが、企業理念をベースにしてお役立ち創造を追求し、具体的な行動を取っていれば「行動意欲」が高まり、実際に行動が起きるはずです。また、お役立ち創造を行い、その結果お客様から感謝されます。それによりチームが取り組んでいることに誇りを持つことができ、ひいては企業全体に対する貢献意欲が高まっていくのです。
お役立ち創造は従業員エンゲージメントを高めます。

（2）一人ひとりの能力が高まり、成長する

大手転職サイトであるエン・ジャパンによる2024年の調査によると、20代・30代のビジネスパーソンの94％が職場の成長環境を重視しています。今の若手ビジネスパーソンは「この職場では成長できない」と感じると、転職を考えるのです。

どんなときに成長している実感を得られるかというと、同じくエン・ジャパンの調査では1位が「以前より難しい仕事をやり遂げたとき」、2位が「困難を乗り越えたとき」という結果でした。難しい仕事をやり遂げるためには知識やスキルはもちろん必要ですが、最も重要なのは自分の頭で考え、決断する力だと思います。困難な局面でどうすれば先に進めるか、どうすれば問題を解決できるかを考え、思い切って決断して行動することによって、それが成長につながります。

お役立ち創造の追求は、社会課題やお客様のお客様に目を向け、お客様がまだ必要性を感じていない、気づいていないことを先回りして考え、取り組むことです。上司や先輩に聞いても答えはありません。もちろん、お客様に聞いても分かりません。自分たちで調べ、考え、工夫をして取り組みます。そのようなチームに身を置いていれば、常に「自分でとことん考える」習慣が身につきますので、日々成長していきます。

また、お役立ち創造は一人ではできません。チームでアイデアを出し合い、協力して進めていくことが必要です。そのためには、日々のコミュニケーションが必須ですので、コミュニケーション力や協調性も高まっていきます。もちろん、アイデアを出すためにはベースとなる知識や情報が必要となるため、お役立ち創造を追求しているチームのメンバーはさまざまな方法を使って情報を集め、書籍やネットを通じて知識を深めていきます。お役立ち創造を通じて考え抜き行動する、そのベースとなる情報や知識を集めることで、一人ひとりの能力が高まっていきます。

(3) イノベーションが起きやすくなる

多くの日本企業はイノベーションを起こせない状況にあります。私の会社にも「イノベーションを起こしたいが、なかなか革新的な動きが起きない」「思い切ったアイデアが出てこない」という相談が寄せられます。このような相談をしてくる企業の共通点として非常に真面目で実直であるということが挙げられます。真面目であるがゆえに、今年の業績目標を達成することに強い責任意識を持って取り組みます。何としても、利益を出し、株主に還元し、従業員にも報いてあげたいという思いを持っています。すると、いま目の前にある自社商品・サービスをどのように売るかに意識が集中してしまい、結果的に世の中の変化には目が向きづらくなり、新たなアイデアを生み出すことができなくなってしまいます。

もちろん、企業は毎年着実に業績を上げ、利益を出すことが必要です。しかし、真面目であるがゆえに業績を出すことそのものが目的になってしまうと、その手段としては商品を売る、サービスを売るという、これまで同様の動きに落ち着いてしまうのです。

しかし、お役立ちが目的になると動きは変わります。お客様のお役に立つことが目的になると、そもそもお客様はどうなりたいのか？　何を必要としているのか？という点に意識が集中します。その時点で自社商品・サービスが頭から離れてしまいます。

言葉にすると簡単ですが、自社商品・サービスを頭から離すというのは非常に難しいことです。例えば不動産会社の営業研修に参加した営業担当者に「30代のご夫婦、幼稚園のお嬢様が一人。このお客様はどうなりたい？　何を必要としている？」と尋ねると、「小学校が近くにある物件」「広いリビング」「3LDK」「5000万円以内の予算」などといった内容だけを答える人がいます。これは不動産という商品を通して見たものばかりです。このような人は、不動産を売って業績を上げること自体が目的になっており、お役立ちが目的になっていません。

お客様にとって不動産は人生のほんの一部分です。このお客様であれば「娘に良い教育を受けさせたい」「もっと趣味に時間を使いたい」「30代のうちに転職したい」「健康を維持したい」など、理想の生活に向けていろいろなイメージが出てくるはずです。

このように自社の商品・サービスとは関係なく、お客様の立場で必要としていることが本当のニーズです。そしてお役立ちを目的に考え、仕事をしている人は本当のニーズをキャッチすることができるのです。

この本当のニーズに対して、自社はどうやってお役立ちするのかと考えてみます。すると「いまの商品・サービスだけでは難しい、新たなお役立ちを創造しなくては」という意識が生まれ、イノベーションへの行動が起き始めます。

もともと日本企業は「お役立ち」を原動力としてイノベーションを起こし続けてきたはずです。パナソニック（旧：松下電器産業）創業者の松下幸之助氏の水道哲学もその一つです。幼少期に貧しい生活を送った松下氏は、水道の水のように、低価格で良質なものを大量供給し、多くの人に幸せな暮らしをしてもらいたいと考えました。まさにお役立ちがパナソニックの原動力であり、実際に多くの良質な商品を世に送り出しました。

１９４６年に書かれたソニーの設立趣意書には「日本再建、文化向上に対する技術面、生産面よりの活発なる活動」「国民生活に応用価値を有する優秀なるものの迅速なる製品、商品化」とあります。戦争で打撃を受けた日本を再建し、文化を向上するためにお役立ちできる企業になりたいという想いを感じさせる内容です。このようなお役立ちの想いが、トランジスタラジオ、大ヒットしたウォークマン、ＡＩＢＯ等のユニークな製品を生み出し続けるベースとなっているのです。お客様に、そして世の中に新たなお役立ちを生み出すという想い、つまり「お役立ち創造の追求」がイノベーションを生み出します。

（４）キャリア自律が促進される

自分のキャリアを自律的に形成することをキャリア自律と呼んでいます。日本のビジネスパーソンは年功序列・終身雇用といった雇用慣行のなかで、自身のキャリアを会社に決められるという状況が続いていきました。しかし日本型の雇用慣行は崩壊しつつあり、ジョブ型雇用へ移行する企業も多くなってきている現在、今後のキャリアを自ら考え、自ら学び、自ら成長するキャリア自律の必要性が叫ばれるようになっています。

お役立ち創造を追求することは、キャリア自律に良い影響を与えます。なぜなら、自分はどのように世の中そして顧客にお役に立ちたいかを日々考えることになるからです。私の会社が企業のコンサルティングをするにあたって、まず重要視するのは従業員一人ひとりのお役立ちの方向性を考えてもらうことです。これをお役立ちイメージと呼んでいます。お役立ちイメージとは、自分の強みや個性を活かし、誰に対して、どのようなお役立ちをするのかをイキイキとイメージしたものです。具体的にイメージできればできるほど、どうすればそのような姿になれるのか?と考

お役立ち創造が企業にもたらすメリット

- 従業員のエンゲージメントが高まる
- 一人ひとりの能力が高まり、成長する
- イノベーションが起きやすくなる
- キャリア自律が促進される

えることになり、必要な動きを起こし始めます。これはまさに、自分のキャリアを自分で形成するキャリア自律に他なりません。

５年後に課長になりたい、１０００万円稼ぎたいといった、利己的なイメージを中心にキャリアを考え、がむしゃらに働いてそのイメージを実現する人もいますが、その先に喜びがあるのかどうかは分かりません。

誰かの役に立ち、喜ぶ人の顔が浮かび、感謝される。だからこそ、一生懸命仕事をする。そしてそのために頑張れるのが私たち人間です。利己的なイメージだけを強く持ってしまうと、自己満足は得られますが真の喜びを得られるとは言い難いと思います。そうなると自ら学び、自ら成長するという動きを途中で止めてしまう可能性が高くなり、キャリア自律は非常に難しくなります。

第 3 章

チームメンバーの心に
“お役立ちの火” をともす

「お役立ち創造チーム」
づくりのステップ

お役立ち創造チームへのステップ

時代が創造的なチームを求めています。そして、そのためにはお役立ち創造を追求するお役立ち創造チームを目指すことが大切です。お客様のお客様、そしてその先の社会課題に目を向け、お客様に新たなお役立ちを提供するチームです。

そこで、この章ではお役立ちを常に意識して創造性を発揮するチームになるための方法をお伝えします。

企業におけるチームがかつてのチームではなくなり、醒めたチームになりやすい現在、自動的にお役立ち創造チームができるわけではなく、意図的につくることが必要です。まさに、お役立ち創造に向けたチームビルディングをすることが求められるのです。

ただ、残念ながら企業における多くのチームはかつてと同じ動きをしています。

チームが組成されたあとに、上から与えられた目標を確認し、チーム内で役割分担をし、目標を個人に割り振り、あとは定期的なミーティングで進捗を確認していく。このような動きだけでは、創造的なチームにはなりません。それどころか、チームの目標を達成することさえできないことが多くなります。なぜなら、世の中の変化が非常に激しい今、これまでどおりのチームの動きでは太刀打ちできない事象が頻繁に起きるからです。

そこで、意図的にお役立ち創造チームになるための５つのステップをお伝えします。

ＳＴＥＰ１：お役立ちの火をともす
まずは、一人ひとりが自分自身と向き合い、誰に、どのように役に立ちたいのかといったお役立ちイメージを描き、メンバー間で共有することから始めます。

ＳＴＥＰ２：お役立ちを忘れる

お役立ち創造のチームへのステップ

STEP 1	お役立ちの火をともす
STEP 2	お役立ちを忘れる
STEP 3	お役立ちのタネを発掘する
STEP 4	お役立ちのケミストリーを起こす
STEP 5	お役立ち共創サイクルを回す

一度、自分の仕事そしてお役立ちのことは忘れて、お役立ちの対象であるお客様（社内顧客含む）のニーズを考え抜きます。「お客様のお客様」まで目を向けて考えることが大切です。

ＳＴＥＰ３：お役立ちのタネを発掘する

チームとして、どのような知識・スキル・経験を持ち、どのような強みがあるか洗い出し、お役立ちのタネを発掘します。

ＳＴＥＰ４：お役立ちのケミストリーを起こす

お客様の問題とチームのお役立ちのタネを結びつけ、新たなお役立ちを創造してみます。

STEP5：お役立ち共創サイクルを回す
創造したお役立ちを実行に移します。また取引先や他部門、顧客と協力してより良いお役立ちを共創し、進化させます。

それでは一つひとつのステップを詳しく見ていきます。

STEP1：お役立ちの火をともす

今の自分は仕事を通じて、役に立っていると感じることができるか、を確認します。誰かの役に立つ仕事をしていると思ってはいても、「今日も役に立ったなー」「お役立ちできて嬉しい！」と日々実感している人は多くはないはずです。私自身、前職での営業の仕事を通じて、お客様の役に立っていると感じたことはあまり多くはありませんでした。それどころか、たいして必要のないものを無理やり売り込んでいるのではないかとさえ感じていたこともあります。

ほとんどの人は誰かの役に立ちたいと思っています。例えば、駅で具合の悪そうな人を見かけたときに、声を掛け、駅員に知らせる。階段でベビーカーを持ち上げられずに困っている人を見かけたときは手伝ってあげる。これだけの行為でも人の役に立てたと気持ちが晴れやかになるはずです。

人の役に立ちたいという想いを、学術的には向社会的モチベーションといい、一橋大学大学院のシン特任講師らによって向社会的モチベーションが高い人は、パフォーマンスや生産性も高いという研究結果が出ています。また、慶應義塾大学の前野隆司教授は、利他性や思いやりを持つことがウェル・ビーイングを高めると述べています。

つまり、役に立ちたい！という想いが高まると、パフォーマンスも幸福度も高まるということなのです。お役立ちの想いが高まらなければ、お役立ちを創造するという方向に意識が向きません。

そこで、まずはチームメンバー一人ひとりのお役立ちに対する想いを高めることがスタートです。誰に、どのようなお役立ちをしたいかというイメージをできるだけありありと描くことが理想です。私はこれをお役立ちイメージと呼んでいます。

以下は、お役立ちイメージを描く際のプロセスです。

(1) お役立ちの源泉は何か？

いくら誰かの役に立っていても、それがワクワクしない、やりがいを感じないとなると、アイデアも湧いてきませんしパフォーマンスも高まりません。そこで自分はどんな時にワクワク・やりがいを感じるのか？というお役立ちの想いを強くするための源泉となるポイントを発見します。

これまでの自分の人生を振り返り、やりがいを感じたこと、ワクワクしたことを洗い出してみます。子どもの頃、学生時代、社会人になってからと、各時代を思い出しながら書き出してみるのです。そのうえで、なぜワクワクしたのか?を掘り下げていくと共通点があることに気づきます。

私は、小学生低学年の頃、漫画を描くのが大好きで毎日ワクワクしながら4コマ漫画を描いていました。それを学校に持参して友達に見せて、笑ってくれるとすごくやりがいを感じていました。時が経ち、社会人になった私は営業の仕事で1枚1枚ワクワクしながら提案書を作っていました。出来上がった自信作を使ってのプレゼンテーションで「よくここまで考えてくれたね」とお客様に笑顔で言われることにやりがいを感じていたのです。

子どもの頃の漫画と、大人になってからの提案書。これが共通事項です。それも、自分のオリジナル作品を作ってワクワクし、相手の笑顔を見てやりがいを感じる。言葉にまとめると、「自分ならではの作品で、人に笑顔をもたらす」。今、私は多くの研修を担当していますが、自分ならではの内容で、受講者の笑顔を見ながら、日々お役立ちを実感しています。

(2) お役立ちの対象は誰か?

次に、誰に対してお役立ちしたいか?という点を考えます。ヒントとなるのは、なぜこの仕事を選んだのか? なぜこの会社に入ったのか?ということです。例えば住宅メーカーで働く人は、入社の段階で「小さい子どもがいるファミリーに、楽しい生活を送ってもらいたい」「お年寄りが安全に過ごせる家を提供したい」といった志を持っていた人もいると思います。飲食店で働く人は「忙しいサラリーマンに、ほっと一息ついてもらいたい」「大切な人と素敵な空間で記念日を祝ってもらいたい」といったことを考えていた人もいるはずです。その頃の気持ちと今の気持ちを比べてみます。昔の「○○の役に立ちたい」という想いが頭に残っているかどうかを考えます。

多くの人が日々の仕事に追われ、入社当時の想いを忘れてしまっています。誰のために仕事がしたかったのかを今一度思い出すことで、お役立ちのイメージが鮮明になってきます。

なかには「なんとなく入社したので……」「この会社しか受からなかったから……」という人もいますが、そんなときは就職活動をしていた頃を思い返してみるといいと思います。なぜ自分は食品会社を受けていたのか、なぜ自分は建設会社を受けていたのかと、その当時を思い起こすと興味があったことや役に立ちたかった対象が思い出されることがあるからです。

私も就職活動でいくつかの業界にチャレンジしましたが、その一つが銀行でした。当時はあまり深く考えていませんでしたが、今思い起こすと経営者の役に立ちたいという想いが心にあったはずです。というのも、私の両親が営んでいた書店の経営が苦しくなったとき、銀行の人たちが商売へのアドバイスをしてくれたり、融資をしてくれたりしたという記憶があったのです。

そして今、私はコンサルティングという仕事で実際に経営者のお役に立つ機会をいただいています。

（３）自分の強みは何か？

自分らしいお役立ちをするためには、自分の強みを活かすことが大切です。分析が得意な人は、数字を使って周りの役に立つことができます。コミュニケーションが得意な人は、会議を盛り上げたり、交渉したりすることで役に立つことができます。絵を描くことが得意な人は、見やすい資料の作成によって役に立つことができます。自分の強みが活かされていると感じると、その職場に愛着がわきます。つまり、従業員エンゲージメントが向上し、もっともっと役に立ちたいと考えるようになります。

しかし、自分の強みを発見するのはなかなか難しいものです。そこで、強みをいくつかのカテゴリーに分けて考えてみます。

人　格：優しい・いつも穏やか・自分に厳しい・誠実である・頼りにされる等
スキル：宅建を持っている・商談力が高い・会計の知識がある・ＡＩに強い等

自身の強みを考える視点

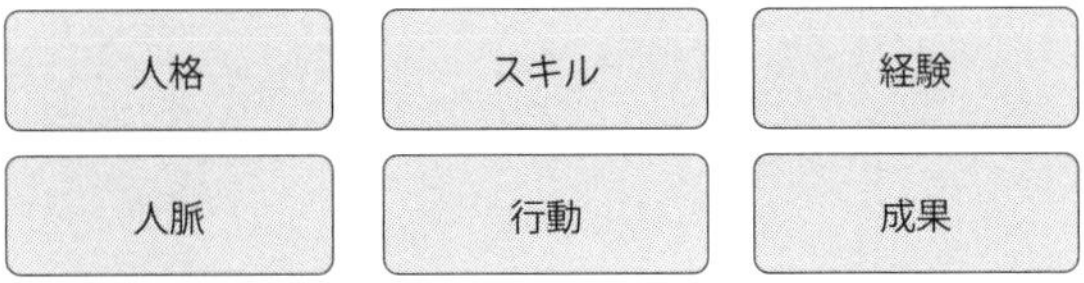

経験：ベトナム赴任の経験・開発に3年間いた・学校の先生をやっていた等

人脈：経営者の知人が多い・社外勉強会の人脈が多い・医師の知り合いがいる等

行動：仕事のスピードが速い・常にアクティブである・慎重でほとんどミスがない等

成果：営業成績で部門1位になった・技術コンテストで入賞した等

実は、多くの人が自分の強みをなかなか見つけられないと言います。そこで、このようにカテゴリーに分け、まずは各カテゴリー1つ以上の強みを自分で考えて出してみます。そのうえで、同じ職場の人や知人に自分の強みを教えてもらいます。周りからの指摘で、自分ではほとんど気づいていなかった強みを知る人も多く、非常に有効な方法です。私は「誰に対しても同じように接する」という強みを、周りから教えてもらって初めて気づきました。

なお、どうしても強みが見つからないという人もまれにいます。その場合は、弱みだと思っていることの裏返しが強みであると考えてみてください。例えば仕事が遅いという弱みは、慎重に仕事を進めるという強みかもしれません。人見知りという弱みは、謙虚という強みかもしれません。自分が弱みと思っていることが、周りから見ると強みであることは往々にしてあるものです。

（4）今の企業は何をする企業なのか？

お役立ちの源泉とお役立ちの対象が分かるだけでも、お役立ちイメージを描くことは可能です。企業に勤務している人はいまの企業というステージで、誰に、どのようなお役立ちをするかを考えることになります。

つまり、いまの企業は何をする企業なのか?を改めて考える必要があります。「え、うちの企業は建設業だから、建物を建てる会社ですけど」「アパレル業なので、洋服を作っています」と答える人もいますが、同じ業種に属していても、会社の存在理由や目指す方向性は違います。それを十分に理解しないと、今の企業でのお役立ちイメージは描けません。

そこで、見ていただきたいのが企業理念です。企業理念には、会社の存在理由が書かれています。例えば、ファーストリテイリングの企業理念は「服を変え、常識を変え、世界を変えていく」です。非常にユニークな理念であり、実際にこの理念に従って経営されています。ファーストリテイリングが展開するユニクロは、ヒートテックやウルトラライトダウンといった製品を世に送り出し、アパレルのスタイルを変えました。20年前、あんなに薄いダウンを着て歩いている人がどれだけいたか、ということです。また、一つの服を長く着るのではなく、毎年新たな服を買って楽しむという文化もつくりました。

同じアパレルでも「機能と価格に新基準」という企業理念を打ち出しているのがワークマンです。ワークマンは、もともと現場用の作業服を中心に展開をしていましたが、今ではデザインを重視したカジュアルな服も展開しています。作業服で培ったノウハウで、防水性、耐久性が高いうえに、デザインの優れた洋服を販売しているのです。女性をターゲットにした「ワークマン女子」では、「カコクな３６５日（日常）を、ステキに変える。」というコンセプトの店舗づくりで好評を得ています。まさに、アパレル業界に新たな基準を持ち込んでいます。

自社の企業理念を改めて読み込んでください。そしてこの会社は、何をしたい会社なのか？を自分なりに考え、これから進化していく会社の姿をイメージしてみてから、自分のお役立ちの方向性とマッチする部分を探します。今働いている会社ですから、多くの人が自分のお役立ちの方向性と会社の理念にマッチする部分があるはずです。もし、今の段階でマッチする部分が見つからないという場合は、どうすればマッチする部分がつくれるのかを考えてみるといいと思います。

（5）お役立ちイメージを描く

これまで考えたお役立ちの源泉、お役立ちの対象、自分の強み、何をする会社か（企業理念）を参考にして、「この仕事を通じて、誰に対して、どのようなお役立ちをしたいか」をいろいろな観点からいくつも書き出してみます。

◆お役立ちイメージの例：経理担当Aさん

経営層に対して、戦略立案に役立つ情報を提供し、ビジョン実現の立役者になる

このお役立ちイメージは経営企画担当ではなく、経理担当Aさんのものです。これまで経理として目の前の会計業務を粛々と実施してきたAさんですが、自分のお役立ちの源泉が物事を分析することだと分かりました。数字が読めるという強みもあります。

そこで、単に会計処理をするだけではなく、会計の数値を分析し、分かりやすい形にして経営層の戦略立案に活用してもらいたいと考えたのです。現在はまだ20代の若手ですが、近々に実現したいとのことでした。

◆お立ちイメージの例：カスタマーエンジニアBさん
中小企業に対する生産性向上コンサルティングを通じて、経営のパートナーとなる

これは、事務機器のカスタマーエンジニアBさんがつくったお役立ちイメージです。カスタマーエンジニアとは、機械の修理やメンテナンスを行う仕事です。コロナ禍以降営業がお客様の事務所に入りづらくなった今、カスタマーエンジニアが営業的な役割も担っています。

しかし単に修理し、営業するだけではなく、事務所に入ってお客様の業務を直

接見られるという仕事の特性と、人の話を聞くのが強みであるということを活かし、お客様の仕事の生産性を高める役割を果たしたいと考えています。

◆お役立ちイメージの例：営業Cさん
若手のモチベーションを高める、営業育成のコンシェルジュ

営業Cさんはすでに定年になったシニア社員です。今も現役で営業をしていますが、20代～30代前半の若手営業がお客様との商談がうまくいかずに悩んでいる姿を見て、自分のノウハウを少しでも伝授したいと考えました。ただ、ベテランである自分からあれをしろ、これをしろと指示をすると、若手が委縮してしまうと考え、困ったときは、いつでも聞きにいける存在ということで、コンシェルジュという言葉を使っています。

このように、自分ならではのフレーズでお役立ちイメージをつくるとともに、こ

れを手帳に書き留める、パソコンの壁紙にする、机に貼り出すなどしていつも目に入る状況にすることで、お役立ちの火をともし続けることができます。

また、お役立ちイメージをより頭に残すために、絵に書き出すことも効果があります。

（6）お役立ちイメージを共有する

このようにして作成したお役立ちイメージは、チームメンバー間で共有することをお勧めします。なぜならお役立ちの想いは共鳴するからです。他のチームメンバーは、こんなお役立ちを考えているのか。私も負けずにお役立ちしないと！という気持ちが芽生えて、お役立ちの想いが強化されるのです。

また、お役立ちイメージに至るお役立ちの源泉、お役立ちの対象、自分の強み、何をする会社かという部分も共有し、なぜこのようなお役立ちイメージになったかを語り合うことで、一人ひとりの考え方や個性が浮き彫りになります。するとお互いに対する興味が高まり「なぜ、その点にワクワクするの？」「どうして高齢者にお役立ちしたいの？」と会話が広がるため、メンバー間の距離が一気に縮まります。

私の会社では、お役立ちイメージをつくるプロセス自体をチーム全員で実施するお手伝いをしています。お役立ちの源泉、お役立ちの対象、自分の強みをまずは一人で考えたうえで、チームメンバー同士でワイワイガヤガヤとやりながらお互いが考えた内容を発表し合い、質問し合って、お役立ちイメージを形作っていきます。他の人からの質問や意見を聞くと、改めていろいろな角度から考えることになるため、一人だけで考えたときよりもさらに良い内容に仕上がります。

お互いのお役立ちイメージを話し合うことで一体感が増すだけでなく、お互いの強みやお役立ちの方向性が分かるため、チームとしての相乗効果を発揮しやすい状況になります。


以上の（1）〜（6）を通じて、一人ひとりのお役立ちイメージが鮮明になり、お互いのイメージを認識することで、もっとお役に立ちたい、チームとして大きくお役に立ちたいという空気が出来上がります。これが、お役立ち創造に向けて火がついた状態です。

STEP2：お役立ちを忘れる

ＳＴＥＰ１でせっかくお役立ちの火がついたのに、忘れるとはどういうことだと思われそうですが、これは一度お役立ちの熱い想いを忘れて、冷静にお客様のことを考え抜くという意味です。お役立ちの火がともり、いきなり動いてしまうと、これまでのやり方やこれまでの商品・サービスでお役立ちすることになります。もちろんこれまでと同様のやり方でもある程度はお役に立てますが、時代が変わり、お客様の状況も変わっています。より大きく役立つためには、新たなお役立ちをつくり出すことが必要です。

お客様の問題を考える視点

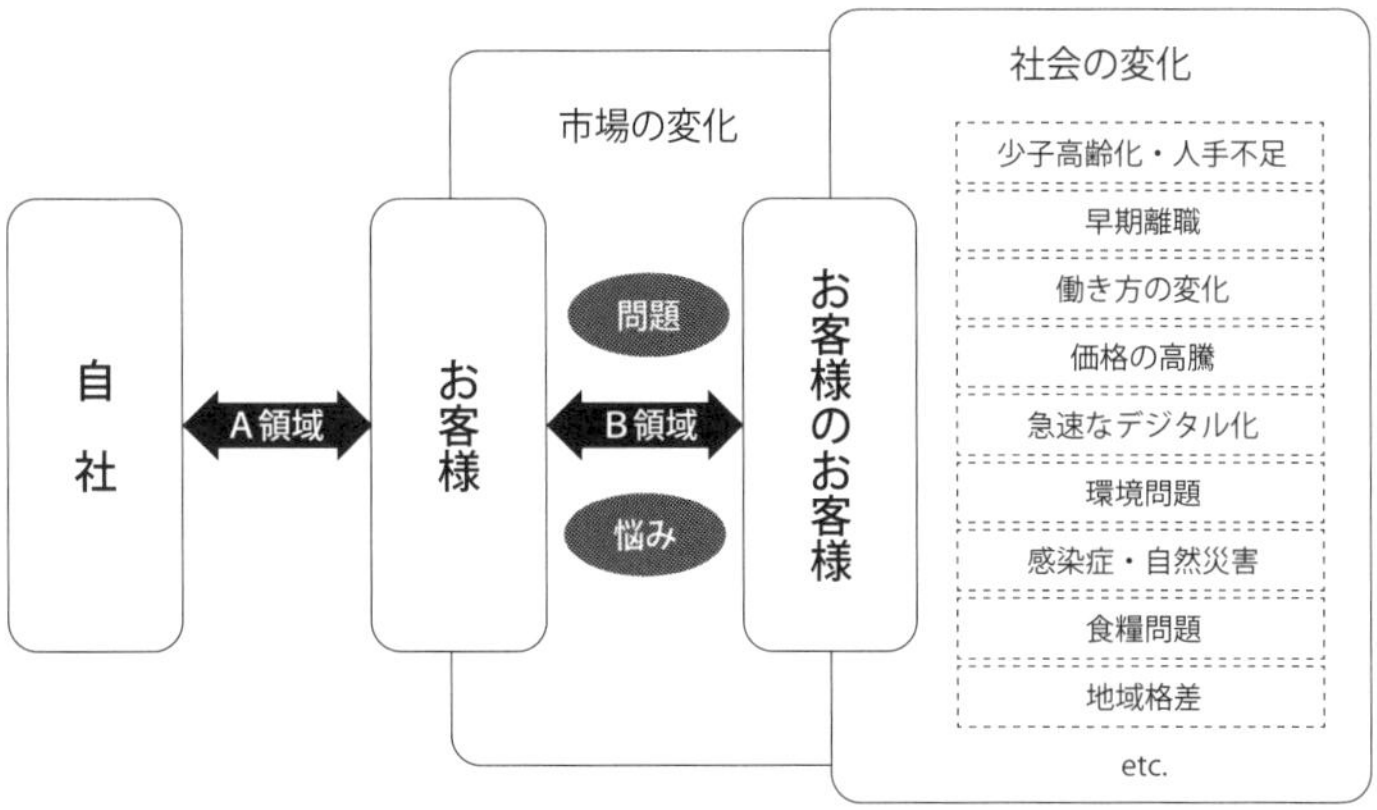

そこで今の会社、今の仕事を頭から切り離し、一個人として考えてください。「自社のメガネ」「今の仕事のメガネ」をかけてお客様を見ると、どうしても見る範囲が限定されてしまいます。コピー機メーカーの人であれば、お客様企業は、日頃どのようなものをコピーしているか？どれくらいの頻度で印刷しているか？というところばかり見てしまうかもしれません。飲料メーカーの人であれば、お客様の食品スーパーは、どのような飲料を並べているか？　よく売れている飲料は何か？という点に気が向きます。

しかし、お客様にとってコピーも飲料も、仕事のなかのごくごく一部にすぎません。コピーのことを一日中考えて仕事をしている人などいないのです。「お客様の問題を考える視点」の図を見てください。私たちは日頃A領域で仕事をしていますが、お客様は主にB領域で仕事をしています。では、お客様の興味・関心が高いのはA領域かB領域かどちらか、となればもちろん答えはB領域です。お客様はB領域でお客様のお客様に対してビジネスをし、市場の変化に対応しています。お客様の問題や悩みはB領域にあるのです。

また、「お客様」も「お客様のお客様」も、さまざまな社会の変化の渦中にいます。社会の変化が市場の変化を巻き起こし、お客様の問題や悩みを生じさせています。例えば自社が自動車部品メーカー、お客様が完成車メーカー、お客様のお客様が生活者だったとします。「お客様のお客様」である生活者は、働き方改革という社会の変化によりリモートワークやネットショッピングが当たり前となり、かつてより外出が減っています。その影響もあってか、若者の車離れも加速しています。今後は複数人で一台の車をシェアするカーシェアリングがますます普及することが予測されています。そうなると、「お客様」である完成車メーカーは販売台数が減って売り上げが減少するかもしれません。

ここまでを把握して自社である自動車部品メーカーはどう思うかが大切です。「カーシェアリングが普及する……」、それくらい分かっている」という人もいると思います。では、「お客様のお客様」である生活者はどれくらいカーシェアリングを使うようになり、どのような使い方が予測され、それを踏まえて「お客様」である完成車メーカーにはどのような対策が求められるのか。その対策を採るにあたって、どのような問題や悩みが発生するのか。

コンサルティングを行っている私の経験上、自社の立ち位置からそこまで考えている人はごく少数です。多くの人は、A領域でお客様が自社に求めていることをキャッチしているにとどまります。

お客様の問題を考えるプロセス

社会において大きく変化していること、問題となっていることを数多く洗い出してみます。その上で、「お客様のお客様」の変化や状況を数多く洗い出します。

「社会の変化」「お客様のお客様の状況」をベースにして、お客様がもっと選ばれるために、目指すべき姿を描いてみます。

「お客様のありたい姿」と現状のお客様を比較すると、不足している点が浮き彫りになります。それが問題です。自社のビジネスを頭から外して、お客様の問題を洗い出します。

そこでまずは「社会の変化」と「お客様のお客様」の状況を広く考え、洗い出します。お客様よりさらに先のことに目を向けて考えることで、自社のメガネを外して考えることができます（BtoCの場合は、最初から社会の変化に目を向けてください）。次に考えるのはお客様のありたい姿です。社会の変化とお客様のお客様の状況が見えてくると、お客様がこうなったら、もっと選ばれるはずという姿が見えてきます。お客様が企業であればホームページなどにビジョンが掲載されているかもしれませんが、客観的に、より生々しくありたい姿を考えてみます。

お客様が生活者なのであれば、どんな生活がしたいかを考えることになります。お客様のありたい姿がはっ

お客様の問題の種類

見える問題	明らかに表面化しており、誰もが認識できる問題
探す問題	表面化はしておらず外部からは見えにくいものの、お客様自身は認識している問題
創る問題	現在は生じていないものの、ありたい姿を目指すうえで今後起こり得る問題

きりしてくれば、現在のお客様の状況と比較して不足しているものを考えることで、お客様の抱える問題を数多く洗い出せます。お客様の問題については、自社のビジネスと関係あるなしにかかわらず洗い出すことが必要です。もう一度お伝えしますが、このパートではお役に立ちたいという熱い想いをいったん忘れ、自社のメガネと今の仕事のメガネを外し、個人として純粋にお客様のことを考えることができるかどうかが問われます。

なお、お客様の問題をより深く考える場合には、問題を「見える問題」「探す問題」「創る問題」に分けて考えるのが効果的です。

見える問題というのは、明らかに表面化しており、誰もが認識できる問題です。例えば、あるメーカーが非常にクオリティの高い製品づくりをありたい姿にしているにもかかわらず、不良品が出てリコールが発生している、などがそれにあたります。

探す問題というのは、表面化はしておらず外部からは見えにくいものの、お客様自身は認識している問題です。先ほどのリコールの問題の奥に優秀な技術者が採用できず、現場のスキルが落ちているといった問題が隠れているかもしれません。外部からは、予測するかヒアリングして突き止める（探す）しかありません。

創る問題というのは、現在は生じていないものの、ありたい姿を目指すうえで今後起こり得る問題です。先ほどのメーカーが非常にクオリティの高い製品づくりを続ける場合、レベルの高い技術者をさらに増やす必要がありますが、人手不足でどんどん採用は難しくなり、5年後にはほぼ採用できなくなるといった問題です。現時点ではまだ採用できているため、お客様も問題意識が薄く、5年後に技術者の人員を3倍にするなどと安易な方針を出しているケースも見られます。未来を予測し、問題を予測する（つくる）ことが必要です。

STEP3：お役立ちのタネを発掘する

次に、チームとしてお役に立てるタネを発掘していきます。タネというのは、お役立ち創造を花開かせるかもしれない、自チームが提供できる商品、サービス、知識、スキル、ノウハウ、行動など、提供できる価値すべてです。マーケティング用語でタネをシーズ（Seeds）と呼ぶこともありますが、お役立ちには「タネ」という表現のほうが合うので、お役立ちのタネと呼んでいます。自分のチームが提供できるさまざまなタネを掘って掘って掘り起こすのです。

長年同じ会社で同じ仕事をしていると、「うーん、うちのチームで提供できるのは、この○○商品と、○○のカタログくらいかな」と表面的なタネに目がいってしまう傾向がありますが、もっと他にもあるはずです。自分たちのチームを掘って掘って掘り返して、さまざまなタネを発掘します。見つけたタネは「形のあるタネ」「形のないタネ」「育てるタネ」「強いタネ」に分けて整理していきます。

①形のあるタネ

形のあるタネとは、物体として存在している有形のタネのことです。一番分かりやすいのが製品・商品です。また、店舗、設備、機器、企画書、パンフレット、カタログなどもそれにあたります。言い換えればハードのタネです。

②形のないタネ

形のないタネとは、物体として存在していない、無形のタネのことです。人の対応、アフターサービス、技術、スキル、情報、アイデアといったものを指します。ご存じのとおり、現在企業価値は有形財産よりも無形財産の比率が高く、「形のないタネ」をいかに充実させるかによってお役立ちの幅が決まるといっても過言ではありません。

お役立ちのタネを分けて考える

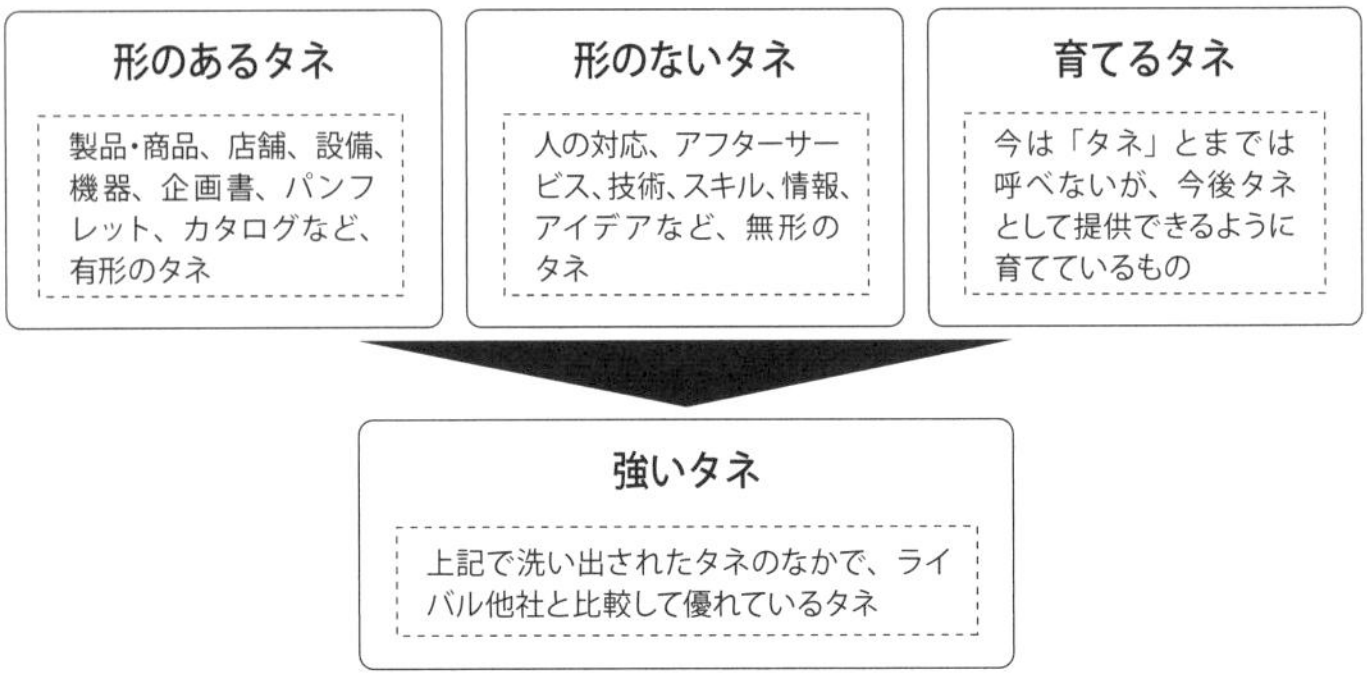
形のあるタネ
製品・商品、店舗、設備、機器、企画書、パンフレット、カタログなど、有形のタネ
形のないタネ
人の対応、アフターサービス、技術、スキル、情報、アイデアなど、無形のタネ
育てるタネ
今は「タネ」とまでは呼べないが、今後タネとして提供できるように育てているもの
強いタネ
上記で洗い出されたタネのなかで、ライバル他社と比較して優れているタネ

③育てるタネ

育てるタネとは、今はタネとまでは呼べないが、今後チームで努力をしてタネとして提供できるようにしたいと考え、育てている最中のものです。例えば、飲食店の店舗で、スタッフの対応が今はまだまだ頼りなくお役立ちのタネとまではいえないが、今後トレーニングを重ねて、1年後には感じの良い接客をタネとして堂々とアピールしたいなどがそれにあたります。

④強いタネ

強いタネとは、①～③で洗い出されたタネ

のなかで、ライバル他社と比較して優れているタネです。お客様の問題に対して、強いタネでお役立ちすることを考えることで、自社ならではのお役立ち創造が可能になります。一方、弱いタネや普通のタネだけでお役立ち創造をしようとしても、すぐに真似されてしまい、結果的にお役立ちが薄くなります。

チームメンバー全員で、形のあるタネ、形のないタネ、育てるタネ、強いタネを考えますが、まずは一人ひとりで考えたうえで、それを出し合うことが大切です。社歴が長い人は多くのタネを出せる反面、長くいるがゆえに当たり前になりすぎているタネを見逃すことがあります。反対に社歴の短い人は多くのタネを出せないかもしれませんが、まだ客観的な目線を持っているからこそチームで当たり前になっているタネを、発掘することができるのです。

STEP4：お役立ちのケミストリーを起こす

いよいよお役立ち創造のメインプロセスであるお役立ちのケミストリーを行っていきます。ケミストリーというのは化学反応のことです。ただ単に、お客様の問題に対して何か役に立てるタネはないかと探すのではなく、「お客様の問題×お役立ちのタネ」で化学反応を起こし、新たなお役立ちの形を創造することをねらいます。

このとき必要になるのが、私の会社でも大切にしているA型発想という考え方です。A型発想とは一見関係ないもの同士でも、視点を変えたりアイデアを出したりすることで、必ず結びつけることができるという考え方です。「A」という字は、左のものと右のものを上部で結びつけている形であることからA型発想と呼んでいます。関係ないものどころか、相反するもの同士でも結びつけることができると考えるようになったら、真にA型発想が備わったといえます。

A型発想とは

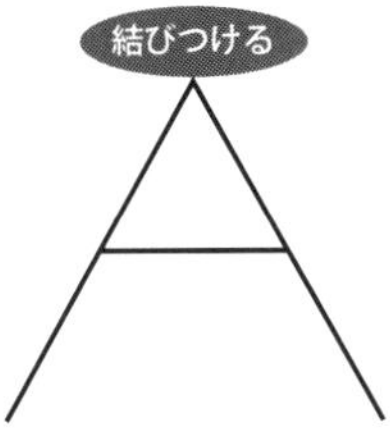

一見関係ないもの同士でも、視点を変えたりアイデアを
出したりすることで必ず結びつけることができるという考え方

例えば、小さな子どもがいるファミリーは車で出かけるのが大変です。子どもは狭い車内で長い間じっとしていられないからです。そうなると、広いワンボックスカーを購入したほうが良い気がしてきます。この状況を軽自動車が売り物のダイハツ工業はどう考えたのでしょうか。「小さい子どもがいて長時間のドライブが大変」という状況と、「軽自動車」。関係ないどころか相反しているように感じますが、これをアイデアで結びつけました。

要するに「空間の広い軽自動車」をつくったのです。空間が広い軽自動車と聞いて「え？」と思った方も多いと思いますが、車高を高くして上に広々とした空間をつくり出しました。小さな子どもなら停

A型発想とは

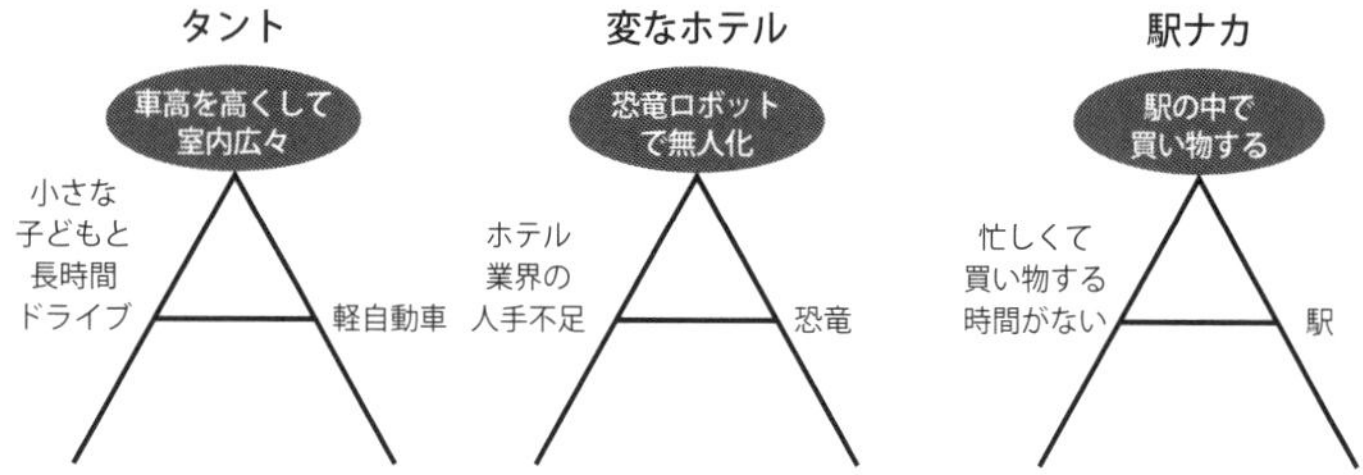

車時に車内で立ち上がって遊ぶことが可能になり、汗をかいたら着替えることもできます。また、ドアをスライド式にして、子どもが隣の車にドアをぶつけにくくするという工夫もしました。

その他の例では「ホテル業界の人手不足」と「恐竜」を結びつけたものもあります。Ｈ．Ｉ．Ｓ．グループが展開する「変なホテル」です。

ホテル業界の人手不足に対して「無人化」「省力化」というアイデアはすぐに出てきますが、さすがハウステンボスを展開しているＨ．Ｉ．Ｓ．グループです。単なるロボットではなく、恐竜をフロントに座らせてエンターテイメント性を高めました。

単なる無人化だけならあそこまで話題にならなかっ

たでしょうし、無味乾燥な単なるオートマチックなホテルになっていたと思います。人手不足というピンチをA型発想によってむしろ話題に変え、チャンスに変えた好例といえます。

今や当たり前になった「駅ナカ」もA型発想で実現したものの一つです。駅というのはもともと目的を果たすための通過点にすぎませんでした。しかし駅を利用している人たちは忙しくて買い物する時間がありません。「忙しくて買い物する時間がない」という状況と「駅」。かつては関係ない単語同士ですが、今や駅のなかで買い物をするのは当たり前になりました。晩ご飯のお惣菜はもちろん、本や洋服も売っていますし、お酒を飲める場所まであります。

これ以降は、A型発想を活かし、チーム内でケミストリーを起こすためのプロセスを説明します。

（1）「お客様の問題」と「強いタネ」をランダムに並べる

STEP2で洗い出したお客様の問題のなかから、特に重要な問題を3～4つピックアップします。見える問題、探す問題、創る問題から少なくとも一つずつピックアップするのが理想です。そのうえで、問題の横に強いタネを並べてみます。並べる段階では結びつくかどうかといったことはいっさい考えず、機械的に並べます。最初からこれは結びつかないと主観を入れてしまうと、A型発想の意味がありません。一見関係ないもの同士でも、必ず結びつくと信じるのがA型発想です。

（2）まずは、一人で結びつけてみる

問題と強いタネを並べたものをまずは、チームメンバー一人ひとりが自分の頭で結びつけてみます。最初のアイデアは一人ひとりで集中して考えます。多くの人同士で考えると、声の大きい人のアイデアに引っ張られてしまい、少々遠慮がちの人のアイデアが埋もれてしまう恐れがあるからです。

例えば自分がコピー機メーカーの営業だったとします。強いタネとしては「非常に速い印刷スピード」「コピー以外のさまざまなオフィス用品も提供できる」「DXにも強く、業務改善の提案が可能」といったものだとします。お客様の問題の一つは「若手の離職率が高い」というものです。

若手の離職率が高い×非常に速い印刷スピード
若手の離職率が高い×コピー以外のさまざまなオフィス用品も提供できる
若手の離職率が高い×DXにも強く、業務改善の提案が可能

これらに正解はありませんが、例えば「若手の離職率が高い×非常に速い印刷スピード」についての場合、現在オフィスに2台設置してある少々古い型のコピー機を、印刷スピードの速い高性能な機器に切り替え、台数を1台だけにするというアイデアを出します。その1台をオフィスのど真ん中に置きます。今2台使用してい

るコピー機が、オフィスのど真ん中にある印刷スピードの速い1台だけになると、いろいろな人がコピー機の周りに集まることになります。そうすれば、若手がベテラン社員や中堅社員とコミュニケーションを取るきっかけになるかもしれません。その結果、職場に対する愛着心が高まり、少しは定着率が高まることが期待できます。このように「若手の離職率が高い×非常に速い印刷スピード＝コピー機を1台にして、オフィスのど真ん中に置く」といったレベルの簡単なA型発想でも、お役立ちになり得ます。

これが、お役立ち創造であり、お役立ち創造のリアルです。

（3）アイデアを見せ合い、「Yes And」で進化させる

個人で考えたアイデアをチームで見せ合うと、とても盛り上がります。そして、人が考えたアイデアにさらにいろいろなアイデアを付け加えたくなります。ただよくあるのが「確かにそのアイデアは面白い。でも効果があるとは思えない」といわゆる「Yes But」で否定してしまう人が出てくることです。

その奥には「人のアイデアを立てると、自分のアイデアが採用されない」「人のアイデアに勝たないと、自分のアイデアが評価されない」といった行動理論（心に刻まれた考え方）があります。これを回避するには「みんなでアイデアを発展させれば、チームのお役立ち創造は、アイデアの相乗効果から生まれる」といった行動理論をチームメンバー全員が持つことが求められます。

そのうえで、「確かに……、さらに……」と「Yes And」でアイデアを上乗せしていきます。「確かにコピー機を1台にするのはいいね、さらにコピー機の周りにコーヒーマシンを置いて、もっと会話できるようにしたらどうだろう」「コピー機の横に、休憩スペースをつくってしまえばいいのでは？」などといったアイデアが出てくるかもしれません。

結果的に「若手の離職率が高い×コピー以外のさまざまなオフィス用品も提供できる＝コピー機の近くに休憩スペースをつくる」といった結びつきも出てきます。

（4）本当にやることを決める

このようにお客様の問題と強いタネをA型発想のもと「○○×○○」で結びつけると、一見突拍子もないアイデアが出ることもあります。しかし「それは無理でしょう……」と先入観でNGにしてはいけません。本当にできるかどうかは、あとで決めればよいのです。まずは、楽しみながらとにかくさまざまなお役立ち創造をすることが重要です。

そのうえで、いろいろと出たアイデアのなかから本当にやることを決めます。このときにせっかくさまざまなアイデアが出たにもかかわらず、いつものような無難な策を選択し、落ち着いてしまうチームもあります。しかし、私たちは創造的なチームとして新たなお役立ち創造を実現する、「これからのチーム」になる必要があります。

次の観点で本当にやることを決めるべきです。

a. いままでにない……まだやったことがない・ライバルもやっていない

b.チャレンジングである……自分たちのチームのレベルからすると簡単ではない
c.すぐにスタートできる……実践までに長い時間を要さない・やる人員がいる
d.成果が期待できる……実際に業績・成果につながる可能性が高い

いくつか出たアイデアを、a～dそれぞれ10点満点で評価し、一番得点の高いものから実際にやってみるという方法もあります。すばらしいアイデアが出ているのに結局やっていないという状況は大変残念です。お役立ち創造に向けた話し合いで盛り上がっていたチームメンバーも、「なんだ、結局誰もやらないのか……」と意気消沈し、チームの雰囲気が悪化する恐れがあります。

STEP5：お役立ち共創サイクルを回す

新たなお役立ちが創造され、「本当にやること」が決まったら、あとは実行あるのみです。次のプロセスで、お役立ちを実行し、共創し、ますますお役に立てる状況に進化させることでチームの創造性を高めていきます。

①お役立ちをぶつける

創造した新たなお役立ちを、思い切ってお客様（社内顧客含む）にぶつけてみます。実はこのプロセスが一番勇気を要します。なぜなら、考えに考えたユニークなお役立ち創造の内容は、これまでやったことがない内容であることが多いからです。チーム内の話し合いでは盛り上がっても、実際に実行となると、これを本当にお客様に持っていくのかと尻込みしてしまう人が多いのです。しかし、ここを乗り切ら

お役立ち共創サイクル

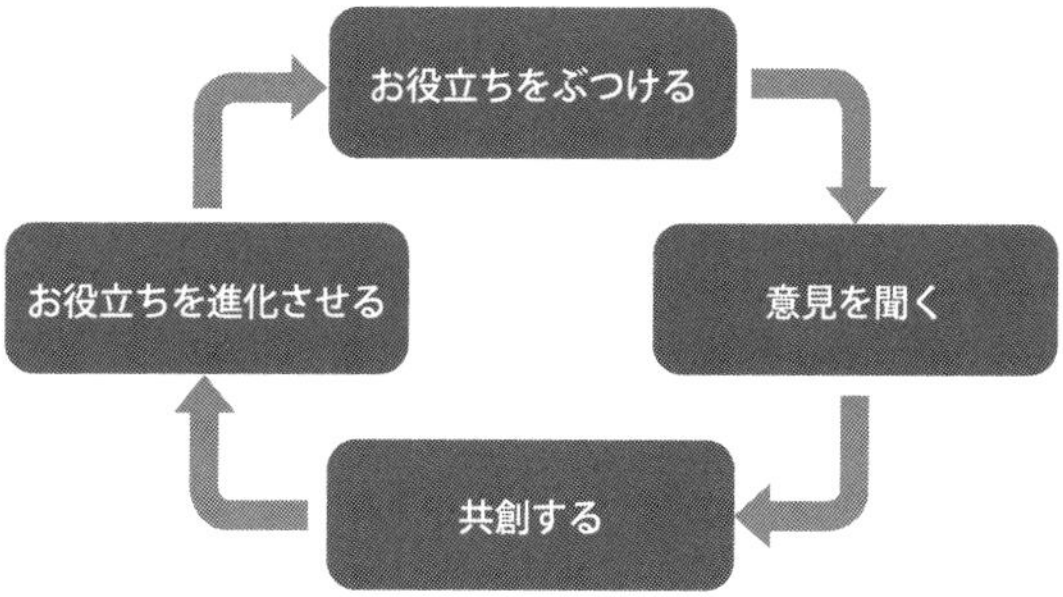

なければこれまでと何も変わりません。

②意見を聞く

実際お役立ちをぶつけてみると、ユニークなお役立ちであればあるほどお客様の反応は「え、なにそれ？」といったそっけない態度や「いや、それは難しいと思うよ」「あんまり、効果なさそうだな」といった反対意見が予測されます。

そんなときは、お客様の意見を聞くチャンスです。「どんな点が難しいとお考えですか？」「どうすれば、もっと効果が出ると思いますか？」と、お客様の意見を存分に聞くべきです。

特に、お客様から反対意見が出た際は、「反対するということは、他の意見があるのだな。これは、本音を聞くチャンス！」と前向きに考えることが大切です。このような考え方を、私の会社では反対歓迎と呼んでいます。反対意見が出た際に「いや……」「でも……」と言い返してしまうと、お客様は身構えてしまいますので、本音を聞けなくなります。ぜひ、反対歓迎でいろいろ意見を聞き、お役立ちを進化させる情報をキャッチしましょう。

③共創する

お客様の意見を吸い上げたら、どうすればもっと「お客様のお客様」や社会の役に立てるか、どうすればお客様の問題が解決するかを、お客様とディスカッションします。お客様ととことん話し合い、ともにお役立ち創造を行う、つまりお役立ちの共創です。お客様も自分の意見が反映されれば「良いアイデアになった、これならできるかもしれない」と考えてくれます。また、お客様の意見をチームに持ち帰り、チーム内でもより良いお役立ちにするための共創を行います。可能であれば、他チーム、他部門、取引先等、チーム以外の人たちと共創をすることで、よりお役立ちの度合いが高まります。

④お役立ちを進化させる

お客様そしてチーム内外と共創をしたうえで、お役立ちの内容を進化させます。お客様と共創した内容を中心に、他の人たちからもらったアイデアを上乗せし、そのお客様ならではのお役立ちに仕上げます。

⑤改めて、お役立ちをぶつける

進化させたお役立ちを、改めてお客様にぶつけます。お客様やチーム内外との共創を経ていますので、「では、やってみましょう！」という反応になるかもしれません。実際に、活動がスタートすると、思いもよらない不具合が起こることもありますし、お客様から新たな問題を打ち明けられるかもしれません。そうしたら、意見を聞き、改めて共創します。

また、進化させたお役立ちをぶつけたにもかかわらず、「うーん、ちょっと違うな……」とまた反論があるかもしれません。その場合は改めて反対歓迎で意見を聞き、より良いお役立ちに向けて共創します。

第4章

チームの創造性が高まるか否かは
リーダーの手腕で決まる

「お役立ち創造チーム」を機能させるリーダーシップ

チームのコンセプトチェンジをする

創造的なチームをつくることの重要性と、お役立ち創造がチームの創造性を高めることについてのプロセスをお伝えしてきましたが、チームが自然とお役立ち創造をするわけではありません。チームの創造性を高めるためには、チームのリーダーが適切なリーダーシップをとることが大切です。

創造的なチームをつくるためにまず必要なのは、チームとして新たなお役立ちを創造する方向に気持ちを向けることです。そこで、リーダーを中心にチームの役割を改めて考え直し、チームメンバーの心に響くコンセプトで表現することで、お役立ちの想いを一つにします。これをコンセプトチェンジと呼びます。チームの新たな役割が決まり、それが魅力的なコンセプトで表されるとチームに対するエンゲージメントが高まります。これからの仕事に対してワクワクしてくるはずで、このような前向きな気持ちが創造性を高める土台になるのです。

お役立ち創造ができる、創造的なチームをつくることを決意したら、リーダーはまずチームのコンセプトチェンジに手をつけてください。

（１）コンセプトチェンジの例

アフターサービス部門の例です。メーカーには機器を販売したあとに、修理やメンテナンスをするアフターサービスを行う部門があります。エレベーターのメンテナンス、空調のメンテナンス、工作機械のメンテナンス、コピー機のメンテナンスなど、さまざまな業種でアフターサービス部門が活躍しています。

高度経済成長期以降、新しい製品がどんどん売れていた時代は営業部門が稼ぎ頭であり、アフターサービス部門は営業の補佐をする役割、つまり稼ぐことは期待されていないコストセンターというコンセプトでした。企業によっては、アフターサービス部門をあまり重要視していなかったようです。
ところが製品の性能が高まり、製品寿命が延びてくると、営業が新しい製品をどんどん販売して稼ぐのが困難になってきました。また、お客様のニーズの多様化やライバルの台頭で、営業部門は難しい状況に置かれるようになりました。そのため、アフターサービス部門が修理やメンテナンスでお客様を訪問した際に、積極的に働きかけて保守契約や製品の買い替えを提案する営業的な役割を期待されるようになりました。コストセンターから稼ぐ部門である「プロフィットセンター」というコンセプトに変化してきたのです。

冷静に考えてみると、アフターサービス部門は修理やメンテナンスという理由で、お客様のオフィス内や工場内にどんどん入っていけます。そして、お客様の仕事の状況、問題、お悩み、今後の方向性など、たくさんのお客様情報を収集することができます。そのため、アフターサービス部門は市場やお客様についての一番多くの情報を持ち、その状況を活かして新たなお役立ちを創造するマーケティングの役割をすべきであると考える企業も出てきました。これを「マーケティングセンター」というコンセプトで表現しています。

つまり、アフターサービス部門は「コストセンター」→「プロフィットセンター」→「マーケティングセンター」とコンセプトチェンジをしたのです。

他の部門の例では、ある企業の営業チームは「販売する集団」から「生産性向上のコンシェルジュ」というコンセプトへ、別の企業の総務チームは「社内業務の管理」から「イノベーションに火をつける集団」というコンセプトにチェンジしました。

（2）コンセプトチェンジの話し合いがチーム力を高める

コンセプトチェンジをする場合、チームリーダーが主導してまず今のチームの役割をコンセプトとして表現してみます。例えば、携帯ショップであれば携帯を販売するお店、コールセンターであればお客様のお問い合わせに対応するチームといったコンセプトです。そのうえで、チームとして、世の中にどんなお役立ちを提供したいか、どんな役割を担いたいかといった観点で自由にコンセプトのアイデアを出し合います。

「携帯電話を売るだけではなく、せっかく来てくれたお客様に、ほっこりした気持ちで帰ってもらいたい」「通信だけでなく、生活に必要なさまざまな相談に乗りたい」「来店前より、来店後のほうが少しでも便利な生活を送ってほしい」など、メンバー一人ひとりが想いを出し合うことが大切です。

そのうえで、みんなが共通して考えていることをまとめ、コンセプト案を複数出してみます。「お客様の生活を便利にするコンサルタント」「豊かな人生お届けショップ」「暮らしのイノベーター」など、しっくりくるとともにワクワクするコンセプトの表現を探します。

ただ、コンセプトチェンジの話し合いはすんなりとはいきません。なぜなら、チームメンバー一人ひとりのお役立ちイメージが違うので、携帯ショップでそこまでする必要がないとか、もっと進化するべきだなど、いろいろな意見がぶつかり合うからです。このプロセスこそが非常に重要なものになります。前述したタックマンモデルの「段階２：混乱期」「段階３：統一期」の場面がこのプロセスなのです。

リーダーは、意図的にこのプロセスでチームメンバーが本音でぶつかり合う場面をつくり、お役立ち創造に向けてチームの一体感を出さなければいけません。

（３）常にコンセプトを意識する工夫

コンセプトが頭にあると、どうすれば、コンセプトのような状況に近づけるかを常に考え続けることになります。この状況が、創造性を高め、新たなお役立ち創造を生み出す原動力となります。ただし、新しいコンセプトができた直後はワクワクしているメンバーも日々の業務に没頭していると、これまでのコンセプトのもと、これまでどおりの感覚で、これまでどおりの仕事をし続ける毎日に戻ってしまいます。

そこで、リーダーはチェンジしたコンセプトをメンバーに常に意識してもらうための努力をすることが必要になります。ポイントは「見せる」「刷り込む」「話し合う」です。

「見せる」というのは、コンセプトをオフィスに貼り出す、パソコンのデスクトップの壁紙にする、ミーティングの資料の表紙に毎回掲載する、首から下げている社員証のホルダーに入れるといったように、常にコンセプトがメンバーの視界に入るようにします。こうすると常に意識せざるを得なくなり、最も効果がある方法です。

次に「刷り込む」というのは、リーダーが朝礼やミーティング等で話す際に「うちのチームのコンセプトは～ですが」と繰り返し口に出すということです。「リーダー、今日も言っているよ。しつこいな」と思われるくらい、繰り返し口にするのが良いでしょう。何度も何度もリーダーの口からコンセプトを聞くと、耳から聞いて記憶に残るだけでなくここまでリーダーが口にするのだから、本気なのだなと感じます。本気度が伝われば、メンバーも本気でコンセプトを追い求めることになります。

「話し合う」というのは、コンセプトについてメンバー同士で話し合うということです。どうすれば、コンセプトに近づけるか、まずは何から始めるかなど、コンセプトに基づいていろいろと話すのです。他の人の話が記憶に残らない人でも、自分で口にしたことはだいたい覚えているものです。つまり、コンセプトについて他のメンバーと話し合うなかで、コンセプトのことがどんどん記憶に残り、意識をすることになります。

この「見せる」「刷り込む」「話し合う」というのは、コンセプトに限らず、チームの目標や方針をメンバーに浸透させる際にも大変有効な手段です。

ナンバー2を育てる（コォ・イノベーターの育成）

リーダーが1人でお役立ち創造しようとはりきっていても、なかなかうまくいきません。1人で先頭を走っていると、それ以外のメンバーは「リーダーはああ言っているけど、どうする？」と横を見て、様子をうかがってしまうのです。そこで必要になるのが、リーダーの右腕となるナンバー2の存在です。リーダーが「みんな、○○をやろう！」と言った際に、ナンバー2が「リーダーが言っているんだから、みんなやろうよ！」と他のメンバーに良い影響を与えてくれます。また、お役立ち創造のために、お客様のことを話し合ったり、チームのお役立ちのタネを出し合ったりする際に、リーダーが意見をたくさん出してしまうと、チームメンバーがリーダーに依存したり、遠慮をしたりしてしまうことがあります。しかし、メンバーの1人であるナンバー2が積極的に意見を出すと、他のメンバーもそれを見て意見を出すようになります。

私の会社では、リーダーの右腕としてリーダーと一緒にチームの変革を行ってくれるナンバー2を「コォ・イノベーター」と呼んでいます。リーダーとともに（Co）イノベーションを起こしてくれる人という意味です。

私は、管理職研修やリーダー研修の講師を担当した際に、チームにナンバー2と呼べる人がいるかどうかを受講者に尋ねることがあります。するとだいたい半数の人たちが「いない」と答えます。そして「ナンバー2がいるチームはうらやましいですよ」「うちも昨年までナンバー2がいたのですが、他のチームに異動してしまったので大変です」といった声が聞こえてきます。確かにリーダーが何も言わなくても、最初からナンバー2として動いてくれる人もいます。そのような人がいるとリーダーは本当に助かります。しかし、多くの人は最初からそのような動きはしません。

ナンバー2は最初からいるわけではなく、リーダーがナンバー2として育てるものなのです。また、ナンバー2のポジションに就いているにもかかわらず、ナンバー2としての動きをしていない人もいます。この場合は真のナンバー2、コォ・イノベーターに育てなければいけません。ナンバー2に育てるためには、次の4つのポイントがあります。

（1）ナンバー2になってもらうことを宣言する

今、ナンバー2と呼べる人がいないのならば、なってもらいたい人に「○○さん、あなたにうちのチームのナンバー2になってもらいます。一緒にお役立ちできるチームをつくりましょう」と宣言します。言われた相手は最初こそ面食らうかもしれませんが、多くの人は期待されていると感じて嬉しく思ってくれるはずです。

このように宣言することでナンバー2としての指示やお願いがしやすくなります。また、本人もナンバー2としての責任意識を持って行動を取ってくれるようになるはずです。

もし宣言をしないまま、ナンバー2としての指示やお願いをしてしまうと「なんで、私だけこんな面倒なことをさせられるのだろう？」と、被害者意識に陥ってしまい、裏でリーダーの愚痴を言うようになったり、大きくモチベーションを下げてしまったりという状況になる恐れがあります。

（2）ナンバー2を立てる

ナンバー2になりたての人に対して、チームメンバー全員の前で感謝の気持ちを伝え、その存在を立てることが必要です。「今回のお客様の提案は、○○さんが思い切って実行してくれたおかげでうまくいった。いつも私のフォローをしてくれて本当に助かっている」といった内容のことを全員の前で話すのです。

この行動の目的は、この人がナンバー2であるということを他のチームメンバーに分かってもらうためです。もしかしたらあの人だけひいきしていると思われるかもしれませんが、そう思われてもいいくらいの覚悟でナンバー2を立てることが大切です。ナンバー2も感謝の気持ちを伝えられ、他のメンバーの前でたててもらえば、ますますやる気を出すと思います。

他のメンバーがその人のことをナンバー2だと認識するようになってきたら、全員の前で立てていくことはやめます。リーダーから何も言われなくとも、ナンバー2の動きを自然に取っている状態を徐々にのばしていきます。

（3）ナンバー2を巻き込む

チームの方向性や重要事項を決めるとき、ナンバー2に声を掛け相談をします。一つめのねらいはチーム全体のことを真剣に考えてもらうことで、ナンバー2の創造性を育てるためです。特に今回のテーマであるお役立ち創造について、自チームでどのようなお客様に、どのようなお役立ちをすることが必要かを、まずナンバー2に個人で考えてもらうことで、その後のチームで話し合う際の土台をつくります。

二つめのねらいは、リーダー1人で考えるよりも創造的な方針や施策を創出できるということです。特に仕事ができるリーダーほど、1人でチームの方針や施策を考えてしまいますが、やはり1人の創造性には限界があります。他の人のアイデアが入ることで、一気に良い内容に仕上がります。

三つめのねらいは、チームメンバーに方針・施策に対して前向きに取り組んでもらうためです。方針・施策を一緒に考えれば、自分も一緒に考えた内容だからとナンバー2は積極的に取り組むはずです。

ナンバー2が積極的に取り組んでいる姿を見れば、他のメンバーもそれに習って熱心に取り組むようになるでしょう。逆に、ナンバー2が方針・施策に否定的だと多くのメンバーは真剣に取り組まなくなります。

(4) ナンバー2にチャレンジさせる

たくましいナンバー2を育てるためには、一段上の仕事や初めての仕事にチャレンジしてもらうことが大切です。特に、他部門や他企業と関わる仕事にアサインし、他のチームのナンバー2レベルと交流させることで、私もこのレベルで仕事をしなくてはならないと感じてもらうことは大きな効果があります。

またリーダーの持つ権限を一部委譲して、ナンバー2にやってもらうというのも効果的です。例えばミーティングの司会やリーダー会議への代理参加などはナンバー2にとって刺激的な体験となります。創造性を発揮する必要がある、お役立ち創造に関わるミーティングは、リーダーがファシリテーションするよりも、ナンバー2

がファシリテーションしたほうがメンバーは意見が出しやすく、多くのアイデアが創出されることが期待できます。

新たなことにチャレンジすることが普通、という状況になると常に新しいことを考える習慣がつきますので、創造性が高まります。その結果、お役立ち創造チームを率いるにふさわしいナンバー2に育ち、リーダーとしても通用する人材になるのです。

ディス・イノベーターを改善する

ディス・イノベーターとは、改革（innovation）を否定（dis）する人のことを指します。リーダーが進めようとしていることに否定的な人や反抗的な態度を取って周りに悪影響を与えるような人のことです。

チームメンバーのなかにディス・イノベーターがいると、創造的なチームづくりが非常に難しくなります。他のメンバーがディス・イノベーターの顔色をうかがって、発言を控えるようになってしまうからです。特に、ディス・イノベーターがベテランだった場合はなおさらです。

そこで、リーダーはディス・イノベーターを改善し、お役立ち創造に向けて前向きな姿勢になってもらうことが求められます。そのためには、次のような対策が求められます。

(1) 正そうとせず、まずは理解に努める

ディス・イノベーターが他のチームメンバーと歩調を合わせず、反論をしたり、会議の場を乱したりしていると、焦ってしまうリーダーがいます。そして、強い姿勢で態度を正そうとしたり、無理に方針に従わせようとしたりするリーダーもいます。しかしそのような態度を取ると、相手もますます頑なになってしまい、状況が好転することはありません。

私は、さまざまな企業で研修を行っていますが、たまに「なんで、この忙しいのに研修なんだよ！」と最初から非常にネガティブな態度で参加する人がいます。こちらが発言を求めても「は？　特に言うことありません」と言ったり、ときにはテキストをいっさい開かなかったりする人もいます。

しかし、そのような人が研修に熱心に参加するようになり、研修終盤には一番積極的に参加しているという姿を何度も見てきました。クライアント企業の研修事務局の方々に「魔法でもかけたんですか？」と驚かれることもありますが、そのようなことはしていません。一つ言えるのは、研修の途中でその人たちの話を熱心に聞いただけです。

例えば休憩時間に「最近、お仕事の状況はどうですか？」と話しかけます。最初は「なんで私に話しかけるんだ」と警戒したような表情をする人も多いですが「いやー、いろいろ大変なんですよー」と徐々に話し始めてくれます。それを共感しながら熱心に聞きます。私は外部の人間なので話の内容が本当に興味深くて参考になるので「他には？」「例えば？」と質問しながらたくさんの話を聞き出します。すると、相手ももっと熱心に話をしてくれるようになり、休憩が終わって研修が再開されると、先ほどまでとは別人のように熱心に研修に取り組むようになってくれます。このようなことを何度も体験してきました。

もしチームにディス・イノベーターがいたら、まずは「仕事の状況はどうか？」「何か困ったことはあるか？」と話しかけ、相手の話を熱心に聞いて状況の理解に努めることが第一です。ディス・イノベーターのように見える人は、反抗したいわけではなく、自分のことを分かってくれない、自分のやり方を理解してくれていない、という不安を持っていることが多いものです。

(2) 愚痴をきっかけにチームのことを語り合い、実行する

ディス・イノベーターのように見える人でも、所属しているチームに興味がない

わけではありません。本当は「このチームはどの方向に行くのか」「自分はチームのなかでどのような存在になればよいのか」と考えている人も多くいます。

そこで、チームのこれからについて一緒に話してみてください。最初は、「なんで、私がそんなことを話さなくてはいけないのか」という態度を取るかもしれませんが、それでも、粘り強く「意見がほしい」「一緒に考えてほしい」と訴えかけ、繰り返し話し合いの時間を持ちます。

多くの人は、徐々に話し始めますが、最初は「このチームは、仕事のやり方が効率的ではない」「メンバーのやる気が感じられない」等、愚痴めいた内容が出てきます。むしろ、そのような内容が出てきたらチャンスです。

まずは、そのような愚痴めいた内容でも共感しながら聞き「いろいろ話を聞かせてくれてありがとう。大変参考になりました。じゃあ、今話してくれたチームを効率的にするために何から始めるか一緒に考えましょう」と、対策のアイデアを出す方向に話を展開します。そして、実際に一緒になってアイデアを出し合うのです。

ポイントは出されたアイデアのうち、一つでも良いので、すぐにチーム内で実行することです。「昨日〇〇さんと一緒に考えたのですが、良いアイデアなので実行することにしました」と発表しても良いと思います。自分のアイデアがチーム内で実行されて嬉しくないわけがありません。しかも自分で出したアイデアである以上、前向きに行動せざるを得ません。この時点で、ディス・イノベーターではなくなります。

（3）お役立ちイメージに合った役割をアサインする

チーム一人ひとりのお役立ちイメージを見ると、その人の個性や強み、そして何が喜びなのかが見えてきます。もちろん、ディス・イノベーターのように見える人でも「誰かの役に立ちたい」「感謝されたい」という想いを持っています。

そこで、１on１の場などで、お役立ちイメージについて改めて内容を聞いてみます。そして、本人から誰に、どのようにお役に立ちたいのかを話してもらいます。

ある会社のベテラン技術者が、若い技術者に自分のこれまでの経験を活かしてノウハウを伝授したいというお役立ちイメージを書いていました。しかし、技術の発展が速い業界のため、そのベテラン社員のノウハウはもはや古いものだと見られていました。もちろん、古いと思われていることは本人も分かっていて、チーム内でディス・イノベーターのような振る舞いをしていました。

そんなある日、営業やアフターサービス部門で「20年前、30年前に導入した機器を今も使っているお客様がいる。しかし、古い機械なのでよく分からない」という声が上がっていることが判明しました。そこでチームリーダーがそのベテラン技術者に対して、若手の営業やサービスに旧型の機器について勉強会をやってあげて欲しいという依頼をしました。最初は渋っていたベテラン技術者でしたが、実際に勉強会を実施すると若手社員から、旧型の機器の話だけでなく、会社の伝統が分かって大変勉強になったといった声や、改めて会社に誇りが持てたなどの反響があったのです。それ以降、そのベテラン技術者がディス・イノベーターでなくなったことは言うまでもありません。

褒めるだけでなく、語らせる

マネジメントのコツとして「３つ褒め、１つ指導する」といわれているくらい、メンバーを褒めることは重要視されています。確かに新入社員も、褒めてくれる上司が良い上司、と感じている人がかつてに比べて非常に多くなっているのは事実です。褒められれば自信がつきますし、積極性も出てくるため、自分から発言をするようになったり、チャレンジングな行動を取るようになったりと、創造性が高まりやすくなります。

しかし「いやー、さすがだね」と褒められて、嬉しい気持ちになっているだけでは考える力はつきませんし、うまくいったことの再現性も高まりません。そこで私が推奨しているのは、褒める↓投げかける↓傾聴する↓たまに自分の話をする、と

褒めて、語らせる

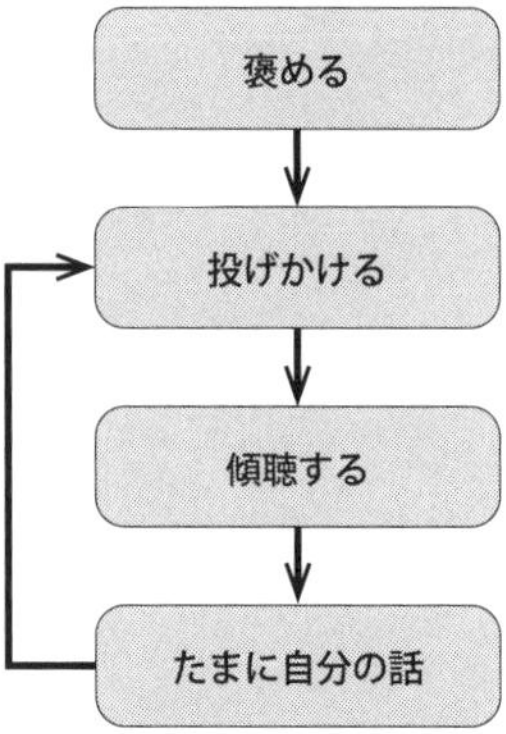

いうプロセスです。

「昨日のミーティングでの発表資料、すごく分かりやすかった（褒める）」→「どんな工夫をして資料を作った？（投げかける）」といった具合に会話を進め、相手に話をさせます。リーダーに対して、自分のうまくいったことを聞かれて話すというシチュエーションは本人にとって嬉しいに違いありません。

そして、うまくいった点を話すことによって、なぜ、うまくいったのか、という理由を自分の頭で考えることになります。この考えたことは記憶として残ります。そのため次もうまくいきやすくなり、再現性が高まるのです。

また、このうまくいった理由は、お役立ち創造をする際のアイデアとして活用もできますので、創造的なチームにも一役買うというわけです。

なお、たまに自分の話をするというのは、いわゆる自己開示です。例えば少々謙虚な人は、うまくいった点をあまり長々話したがらないものですが、リーダーが「実は、私も企画書にいろいろ工夫をしたいと思っていて、グラフを入れているんだけどなかなかうまくいかないんだよ」などと自己開示をすることによって、メンバーも「私がグラフを使うときは……」と自分の話をしてくれるようになります。このように時折自己開示を挟むことが効果的です。

チーム内でインクルージョンに挑む

ダイバーシティという言葉を聞いたことがない人はいないと思います。日本においては女性活躍の意味で使われることが多かったのですが、直訳すると「多様性」であり、国籍、性別、宗教、年齢、価値観などを超え、多様な人材を受け入れるということです。近年、グローバル化の進展や働き方改革の推進があり、チームの多様性が増していることを感じる場面も多くなりました。

しかしさまざまな研究において、ダイバーシティだけでは企業にプラスの影響をもたらさないことが分かっています。多様な人材を集めるだけでは、立場の違いや価値観の違いですれ違いを起こし、逆に生産性が下がってしまうのです。

そこで、ダイバーシティに加えて必要とされているのがインクルージョンです。ダイバーシティ&インクルージョンと2つをセットにして使われることが多くなりました。インクルージョンを日本語に訳すと「包括」「一体性」といった内容になります。多様な一人ひとりが個性や能力を発揮しつつ、お互いに認め合い、協力し合って仕事をしている、という状況です。インクルージョンがあって初めて、チームに化学反応が起き、お役立ち創造につながります。

インクルージョンは企業全体で取り組むべきものですが、リーダーはチームのなかでもインクルージョンに挑戦することが求められます。

(1) 美点凝視でメンバーの強み・個性を認識する

美点凝視というのは相手の美点（強み・個性）をじっくり見るということです。責任感が強いリーダーほど、計画どおりにチームを動かさないといけないというプレッシャーから、メンバーの欠点を正す方向に思考が向きがちです。メンバーの欠点を正せば、短期的に計画は進捗するかもしれません。しかし、残念ながら創造性を発揮できるチームにはなりません。せっかく多様な人材がそろっているのであれば、美点を引き出して相乗効果を出すことが大切です。

これにはメンバー一人ひとりの美点を今一度じっくり見る必要があります。日々忙しく仕事をしていると、すぐに欠点に目が向きます。じっくり見る（凝視）ことをしないとメンバーの美点は見えてきません。特に自分とタイプの違うメンバーに対しては、どうしても「何だこの行動は」「変な意見だ」と欠点ばかりを見てしまう傾向があります。自分とタイプの違うメンバーや、苦手意識のあるメンバーほど、美点凝視をする必要があるのです。

お役立ち創造のプロセスのなかで一人ひとりが自分の強みを分析しているのであれば、その情報を活用するのも良いと思います。「数字に強い」「いつも笑顔が絶えない」「周りのメンバーに情報を提供する」「お客様とすぐに打ち解ける」等、まずは些細なことでも良いので美点凝視で強み・個性をキャッチすることが必要です。できれば、メンバー一人につき20個以上の美点を見つけて記録しておきます。

(2) メンバーの強み・個性を口に出す

「○○さんは、本当に表計算が得意ですね」「○○さんのプレゼンテーションは、インパクトがあっていつも分かりやすいですね」など、メンバーが集まるミーティング等でそれぞれの強み・個性を口に出して他のメンバーに周知します。これによりメンバーが、お互いの強み・個性を認識するきっかけを得ることができます。「へー、○○さんはプレゼンテーションが得意なのか。今度、お客先でのプレゼンテーションを頼んでみようかな」と興味を持ってもらえれば、お互いの良さを認め合うことにつながり、インクルージョンが促進されます。

また、リーダーに強み・個性を言及されれば本人は、自分の強み・個性がこのチームで活かされていると感じることができ、受け入れてもらえていると実感できます。

より効果があるのは本人がいないところでも「○○さんのプレゼンテーションは本当に分かりやすいよ」とコメントすることです。本人がいるところでコメントすると、リーダーがメンバーを励ましているととらえる人もいるかもしれませんが、本人不在のところでコメントすると、本当に○○さんはプレゼンテーションが上手であり、それが○○さんの強みであり個性である、とメンバーも認識します。

（3）「変わり者」のアイデアを活かす

チームのなかに周りから「変わり者」と見られている人がいることがあります。例えば、他のメンバーとは明らかに違う意見を述べる、独特の行動を取る、ときにリーダーに対して反抗的とも思える意見を言ってくるような人です。リーダーは、面倒くさい人という認識を持ってしまい、コミュニケーションが少なくなりがちです。また、このようなメンバーに対して、みんなの意見に従うように圧力をかけるリーダーもいます。残念ながら、そのようなリーダーはインクルージョンを促進できません。

これからの時代、チーム内に変わり者がいるのはチャンスと考えるべきです。日本企業ではまだまだダイバーシティが進んでおらず、同じような経験、同じような考え・意見のメンバーが多いのが実情です。この状況では、これまでどおりの、すでにやったことがあったり、ライバル他社と同じような代わり映えのしなかったりするお役立ちのアイデアしか出てきません。そこに変わり者の意見がスパイスとして入ることで化学反応が起き、新たなお役立ち創造が生み出されることがあるのです。

あるリフォーム会社での出来事です。丁寧な工事と、人間味のある接客が売りの会社だったのですが、なかなかお客様からの注文が取れません。そこで、新聞チラシに工夫を凝らそうということになりました。どのようなチラシにするのかチームで頭を悩ませて考えます。きれいな写真を入れてみる、安さを前面に出す、など意見が出ますが、話がまとまりませんでした。

そんななか、ある中堅社員が「全部、手書きのチラシを作ってみたい」と言い出しました。手書き風ではなく本当の手書きです。今どき、チラシを手書きにするなんてあり得ない！と、ほとんどの社員が聞く耳を持ちませんでしたが、チームのリーダーが「面白いね。もうちょっと話聞かせてよ」と話を聞き始めました。

するとその社員は、自動車のディーラーから定期的に送られてくる葉書にいつも手書きのコメントが書いてあり、誠実さを感じると言い始めました。リフォームは悪徳の会社も存在するので、手書きのチラシで誠実さを伝えて興味を持ってもらい、実際に誠実なリフォームを提供したい、と熱心に話しました。最初は聞く耳を持たなかった他の社員たちも、最後には賛同し、新たなチャレンジをすることとなりました。

実際にこの手書きのチラシは、他社のチラシと明らかに違うためお客様の目に留まり、問い合わせが増えたようです。お年寄りをだます悪徳業者が多いという社会課題に立ち向かい、誠実なリフォーム会社に導くためのお役立ち創造であったといえます。

変わり者と思われているチームメンバーは往々にして、これまでにない斬新なアイデアを出します。しかし他のメンバーと感覚が違うため、変なことを言っているように感じてしまうリーダーが多いのが残念です。インクルージョンを促進し、化学反応を起こして創造性を高めるリーダーになるためには、変なことを言っていると感じたときほど「面白い。もうちょっと話を聞かせてくれますか?」という言葉をかけ、アイデアを引き出します。その一言が、インクルージョンを促進させます。

ルールを明確にし、厳守させる

チームをつくり、お役立ち創造を加速させるためには、メンバーのアイデアが出しやすい状況をつくる必要があります。そのためには、もちろん心理的安全性は欠かせません。心理的安全性とは、チームの中では自分の考えや気持ちを誰に対してでも安心して発言できる状態のことであり、すでに対策を打っている企業も多く存在します。特に上司と部下が1対1で定期的に話し合いを行う1on1を実施する企業が増えたことにより、心理的安全性を意識するリーダーが増えています。

しかしリーダーが心理的安全性を意識しすぎるがゆえに、むしろチームの創造性を弱めているケースが散見されます。それは発言しやすい雰囲気を重視しすぎて、リーダーが言うべきことを言わなくなっているということです。

例えば、明らかに提出物が遅れているメンバーやミーティングに遅刻をしてきたメンバー、お客様に対するマナーが乱れているメンバーに対して注意をしないリーダーがいます。注意をするとメンバーが委縮してしまい、発言しやすい雰囲気が壊れてしまうことを恐れているのです。

このような対応は完全に間違っています。なぜなら、むしろ心理的安全性を弱めてしまうリスクがあるからです。チーム内に期限を守らない、遅刻をする、マナーが乱れているといったメンバーがいたら他のメンバーがどのように感じるかを考えてみてください。「なんなんだよ、あの人は……」「しっかりしてくれよ……」と不満を抱き、場合によっては、そのような人がチームにいること自体にストレスを感じるケースもあります。これでは安心どころか、むしろ不安な状態になります。このような状況にもかかわらず、チームのリーダーが何も注意をしなければ、リーダーに対しても不満を持つメンバーが増えていき、ますますチーム内の心理的安全性が低下します。

そこで、チームをつくる大前提として、ルールを明確化します。ルールが不明確だと、メンバーは自分の行動が間違っていないかどうかも判断ができないため、そもそも安心できません。まずは「提出期限は必ず守る」「ミーティングは5分前集合」「メールは24時間以内に返信」などルールを整理し、明確にします。そして、メンバーにはこのルールを厳守させなければいけません。もし、ルールを守れなかったメンバーがいたら必ず指摘をして是正します。

このようにルール厳守の状況があって初めて話しかけやすい雰囲気、質問や意見を歓迎できる雰囲気、ユニークな意見も受け入れる余裕ができ、心理的安全性を保つことができます。

第5章

企業の持続的な発展へ向けて——

「お役立ち道の文化」をチームから企業へ浸透させる

持続的にお役立ちを創造する文化をつくる「お役立ち道の文化」

お役立ち創造を促進するためには、企業全体（特に経営層・幹部層）で取り組むことが大切です。一部のチームだけが創造性を発揮し、お役立ち創造をしているだけでは企業の持続的な発展は望めません。なぜなら、そのチームが解散してしまったらお役立ち創造が途絶えてしまうからです。企業内の、多くのチームがお役立ち創造に取り組んでおり、人が入れ替わっても、新たなチームが立ち上がっても、お役立ち創造を追求している状態が続くことが理想です。

お役立ち創造のために、企業全体でまず取り組むべきことは、持続的にお役立ち創造（顧客価値創造・社会価値創造）をし、結果として成果を上げ続ける組織文化をつくることです。

組織文化について、エドガー・H・シャインは「外部への適応や内部統合の問題に対処する際に学習した、グループ自身によって、創られ、発見され、また発展させられた基本的仮定のパターン」と定義しています。「基本的仮定」とは聞きなれない言葉ですが、要するにその組織に所属している多くの人が当たり前だと認識していることです。その当たり前が日々の行動の判断基準となり、その組織らしさ、つまり組織文化をつくっているということです。

仕事のスピードが速いのが当たり前という組織もあれば、時間をかけてでも丁寧に行うのが当たり前という組織もあります。また、お互いに情報を共有し合うのが当たり前という組織もあれば、情報は他の人に教えないのが当たり前という組織もあります。同じような業種の組織であったとしても、当たり前の違いによって社員一人ひとりの行動に違いが生じ、結果的にその組織独自の色をつくり出す。これが組織文化です。

これからの世の中で成果を上げ続けるためには、お客様のお客様そして社会の変化にまで意識を向け、お客様に対して新たなお役立ちを創造することが必要です。その企業に所属する多くの人が、持続的にお役立ち創造をし続ける組織文化のことを、私の会社では「お役立ち道の文化」と呼んでいます。お役立ちに「道」をつけているのは、真に社会のこと、お客様のことを考え続け、能力を磨き続け、お役立ちを極めていくことを表現したかったためです。

もともと日本のビジネスに「道」は大きな影響を与えてきました。一橋大学の名和高司教授は日本企業の根っこには武士道（社会価値）と商人道（経済価値）があり、当たり前のように両方を同時に追い求めていると述べています。そして、日本企業の良さを活かすためにも、社会の役に立つことを目的とし、儲けることはその手段であるととらえることが大切であると強調しています。つまり、日本企業はお役立ちを追求し続け、究めることで、さらに強みを活かして発展をすることができるということです。

持続的にお役立ちを創造し、成果を上げ続けるための「お役立ち道の文化」を醸成するためには企業のなかで次の３つの価値観を高めることが必要です。

【お役立ちの価値観】社会や市場の役に立とうとする価値観
【挑戦の価値観】あらゆる可能性にチャレンジしようとする価値観
【協調の価値観】共創し協働しようとする価値観

価値観とは、大切にしている考え方のことです。要するに多くの従業員が、この３つの価値観が大切であり、重要であると感じ、その度合いが高まれば高まるほどお役立ち道の文化が高まるということです。

まず、「お役立ちの価値観」はお役立ち創造のベースとなる価値観です。仕事を

3つの価値観により組織文化を測る「組織文化診断」

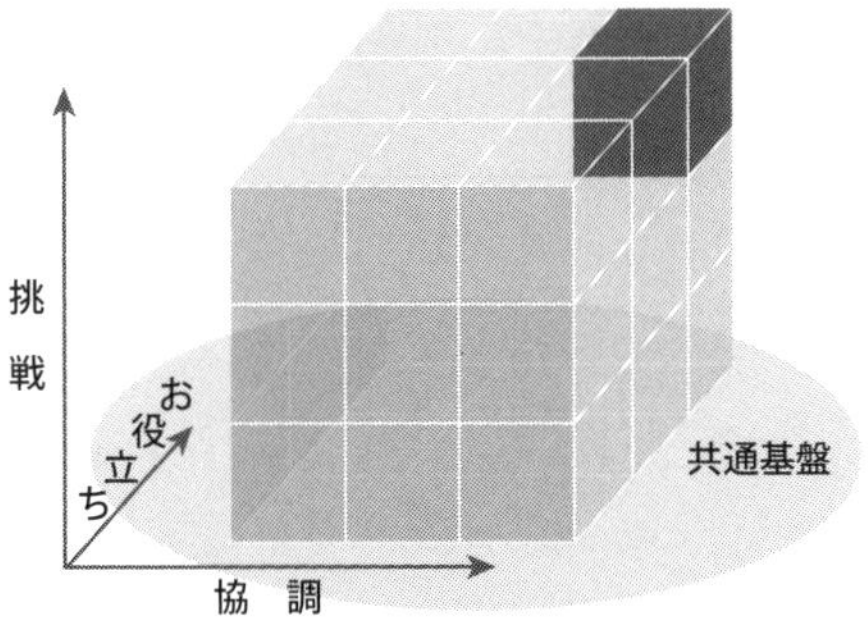

通じて、社会や市場そしてお客様の役に立つことが大切であるという価値観です。ただ、現状のお役立ちだけで満足していては持続的なお役立ちはできません。常に新たなお役立ちにチャレンジし続けることが必要です。そこであらゆる可能性にチャレンジする「挑戦の価値観」が大切になります。

新たなお役立ちにチャレンジし続けるには、従業員同士、そしてチーム同士で協力しアイデアを共創し、手を取り合って実行に移すことが求められます。そこで、共創し協働しようとする価値観である「協調の価値観」が必要になります。

私の会社ではこの3つの価値観の度合いを調査し、企業全体や部門別の組織文化を分析する『組織文化診断』というサーベイを提供しています。

この組織文化診断は、慶應義塾大学システムデザイン・マネジメント研究科と共同開発したものであり、多くの企業において現在の組織文化を見える化し、問題点を明確化し、より良い組織文化づくりの対策を立てるために活用されています。

3つの価値観のバランスによる組織文化の違い

お役立ちの価値観、挑戦の価値観、協調の価値観のすべてが高ければ、持続的にお役立ち創造ができ、成果を上げ続ける組織文化になっていると、胸を張って言えます。しかし、私のコンサルティング経験においては、すべてが高い企業は非常にまれであり、必ずどこかに偏りがあるのが一般的です。

それぞれの価値観の偏りによって、どのような組織文化になるか、概要をご紹介します（◎：価値観が高い　△：価値観が低い　の2段階で表します）。

【お役立ち◎　挑戦◎　協調◎】

お役立ちの価値観、挑戦の価値観、協調の価値観がともに高ければ、いうまでもなくお役立ち道の文化が醸成されています。持続的にお役立ち創造を追求し、成果を上げ続けることができる組織文化ができているといえます。

【お役立ち◎　挑戦△　協調△】

お役立ちの価値観が高く、社会のため、お客様のためと口にする人は多いものの、挑戦の価値観・協調の価値観が低いので、今の仕事が難しい、協力してくれる人がいない、などの理由をつけてチャレンジしません。理想論ばかりが先行する組織です。

【お役立ち△　挑戦◎　協調△】

挑戦の価値観が高いため、チャレンジ意欲が高い人が多くさまざまな動きが起きますが、協調の価値観が低いため、個人プレーばかりが目立ちます。また、お役立ちの価値観が低くチャレンジの内容も「〇〇商品の売り上げを倍にする」「このエリアでナンバー1の営業になる」などといった内向きで利己的なものが多く、お役立ちに目が向きません。

【お役立ち△　挑戦△　協調◎】

協調の価値観が高いため、従業員同士のコミュニケーションが良く、お互いに協力する姿勢を示します。しかし、お役立ちの価値観と挑戦の価値観が低いため、新たなお役立ち創造にチャレンジしようとはしません。今の仕事で無難にやりたいというのが本音のため、手を取り合って既得権を守る動きをしてしまいます。

【お役立ち◎　挑戦◎　協調△】

お役立ちの価値観と挑戦の価値観が高いため、従業員一人ひとりが社会や市場に目を向けてお役立ち創造をしようと常に考えを巡らせています。また、実際に動きを起こす人も出てきます。しかし、協調の価値観が低いため、組織でお役立ち創造に取り組むことができません。ともすると、従業員同士がお互いのお役立ちの内容を非難し合うこともあります。

【お役立ち△　挑戦◎　協調◎】

挑戦の価値観と協調の価値観が高いため、一致団結をしてさまざまなことにチャレンジをしています。しかし、お役立ちの価値観が低いため、社会やお客様のお役立ちに目が向かず自社のため、自チームのため、という利己的なチャレンジに力を注ぎます。最悪の場合は、組織を挙げて不正を行うといったことに発展しかねません。

価値観の偏りによる組織文化の傾向

お役立ち	挑戦	協調	【組織文化の傾向】
◎	◎	◎	お役立ち道の文化が醸成されている
◎	△	△	理想論ばかりで動きが起きない
△	◎	△	個人個人が、利己的なチャレンジをしている
△	△	◎	仲良く無難に既得権を守っている
◎	◎	△	個人プレーで、お役立ち創造にチャレンジしている
△	◎	◎	組織を挙げて、利己的なチャレンジをしている
◎	△	◎	組織を挙げて、既存のお役立ちを続けている

【お役立ち◎　挑戦△　協調◎】

お役立ちの価値観と協調の価値観が高いため、社会やお客様のお役立ちに目を向けて仕事をしています。お役立ちをしたいという想いはあるものの、挑戦の価値観が低いため、新たなお役立ち創造にチャレンジすることはしません。つまり、組織を挙げて既存のお役立ちに力を注いでいるものの、持続的なお役立ち創造は難しいといえます。

持続的にお役立ち創造をし、成果を高め続けるお役立ち道の文化を醸成するためには、お役立ちの価値観、挑戦の価値観、協調の価値観をともに高める対策を打つことが必要になります。全社的に3つの価値観を高め、企業全体にお役立ち道の文化を醸成することで、創造的なお役立ち道創造チームを増やすことができるのです。

全社的にお役立ち道の文化を醸成するためには、経営層・幹部層が中心となって取り組まなければなりません。

そこで3つの価値観を高めるための取り組みを紹介します。

「お役立ちの価値観」を高めるために

お役立ちの価値観は、お役立ち道の文化を醸成し、お役立ち創造チームをつくるための中核の価値観です。

私の会社が提供している組織文化診断でお役立ちの価値観が高いスコアを示す企業は、従業員一人ひとりが強い使命感を持ち、常に社会や市場にアンテナを張って仕事をしています。仕事にやりがいを持ち、イキイキしています。お役立ちの価値観を高めることは、お役立ち道の文化をつくり、お役立ち創造を加速させるだけではなく、従業員のエンゲージメントを高めます。

お役立ちの価値観を高める代表的な対策を3点お伝えします。

(1) トップが常に社会やお客様の変化に言及する

経営層・幹部層・管理職といった組織のトップが従業員の前で話す機会は多いと思います。その際に、今期の方針の話、戦略商品・サービスの話、実績の進捗の話などをする人が多いのですが、そのような内向きの話ばかりでは、従業員の意識がお役立ち創造に向かいません。経営層や幹部からの発信は従業員に大きな影響を与えるため、毎回のように社会の変化、お客様の変化、そしてお客様のお客様の変化といった内容について言及することが大切です。その際に注意しなくてはいけないのは自社のビジネスに関連したことだけの言及にとどめないということです。

例えば、冷凍食品メーカーの場合「先日、〇〇スーパー様に視察に行きましたが、冷凍食品売り場が縮小していました。この状況ではいけません」というレベルでは足りません。今、食品スーパー業界全体がどのような状態に置かれているのか、その背景には生活者のどのような変化があるのか、さらにその背景にはどのような社会課題があるのかといったことについても触れる必要があります。従業員が、お客様、お客様のお客様、そして社会の変化に目を向けるきっかけをつくるのは、経営層・幹部層・管理職からのメッセージです。

経営層・幹部層・管理職は、従業員の誰よりも情報を集め、誰よりも勉強し、自社商品・サービスのメガネをかけずに世の中を見る習慣をつけることが求められます。

（2）企業理念＋企業のお役立ちイメージを考えてもらう

企業理念には通常「社会の役に立つ」「お客様の役に立つ」という想いが込められています。そのため、従業員に企業理念を改めて浸透させ、企業がお役立ちに目を向けていることを理解してもらわなければなりません。この点については、経営層・幹部層の方であれば、重要性を認識されていることと思います。

一方で、どれほどの従業員が企業理念を意識して仕事をしているかが問題です。もちろん常に企業理念を頭に置いて仕事をしている人もいるかもしれませんが、私が研修やコンサルティングで実感しているのは「企業理念は理想論であり、現場とは関係ない」と感じている従業員が多いということです。企業理念の文言さえ覚えていない人も珍しくありません。そこで、企業理念をベースに徹底的に自分の頭で考えることで、従業員一人ひとりが、自分なりのイメージを頭に焼きつけることが必要です。

具体的にはこれまでの企業の歴史を振り返り、なぜ、うちの会社はこの企業理念なのかを理解します。そのうえで、企業理念に基づいて、どのようなお役立ちを提供できる会社にしたいかを自分たちで考え、イメージします。

つまり、企業のお役立ちイメージを自分たちで考えてみるのです。経営層・幹部層が最初からイメージを語ってしまうと他人ごとになります。自分の頭で考え、こんな会社にしたいと想像することで自分ごととなり、自身のお役立ちイメージと結びつくことで、お役立ちの想いが高まります。

（3）お役立ち目標を設定する

多くの企業において従業員が掲げている目標を見ると「年間の売り上げ」「戦略商品の受注件数」「社内業務の改善」などといったものが通常であり、それ自体は問題ではありません。しかし、すべての目標が自分の数字や自分の業務といった内向きの内容だけですと、お役立ちに向けて頑張るという感覚が薄れ、お役立ちの価値観が高まらない恐れがあります。

そこで、「お客様へのお役立ち」そのものを目標の一つに加えることが効果的です。これを「お役立ち目標」と呼びます。

例えばビル清掃をしている企業が、お客様であるオフィスビルをこれまで以上にきれいに清掃するだけでなく、テナントに声を掛けて要望を聞き、ニーズに合わせて細やかな対応をしたとします。お客様のオフィスビルにお役立ちできたかどうかの目標を立てる場合の手段としては、オフィスビルがテナントに実施しているアンケートの結果を見るという方法があります。アンケートの満足度（特に清掃の項目）が高ければ、オフィスビルの評価を高めることにお役立ちできたといえます。具体的な目標としては「テナントのアンケート評価 平均4以上」といったものが考えられます。

また、テナントの契約更新率という観点もあります。清掃が行き届いていて、良いビルだと感じれば退去をとどまり、契約を更新する可能性が高まります。もちろん、清掃だけが契約更新の要因ではありません。しかし、清潔なビルというのは大いに更新の判断材料になるため、少々強引にみえますが「テナントの更新率90％以上」といった目標もあり得ます。

このように、お客様へのお役立ちに直接関わるお役立ち目標を設定することで、どうやったらお役に立てるか、どうやったら喜んでもらえるか、ということを考えるようになります。これが、お役立ちの価値観を高めることにつながります。

「挑戦の価値観」を高めるために

お役立ちの価値観が高くても、挑戦の価値観が高くなければ、新たなお役立ち創造にチャレンジせず、質が高まりません。また、挑戦していない企業は仕事をしていてワクワクを感じることができないため、社内に活気が生まれず、成長意欲が高い従業員ほど転職を選ぶ傾向があります。挑戦の価値観を高める代表的な対策を3点お伝えします。

(1) トップが挑戦をコミットして刺激を与える

挑戦の価値観を高めるためには、経営層・幹部層・管理職といった組織のトップが挑戦をコミットすることです。

例えば、ユニクロを展開するファーストリテイリングについて挑戦の価値観が強いと感じる人は多いと思います。フリース、ヒートテック、ウルトラライトダウン等、ヒット商品を次々生み出すとともに、海外でも成功を収め、今や売り上げ２兆円を超える日本を代表する企業です（２０２４年時点）。

ファーストリテイリングの挑戦の価値観をけん引しているのは、柳井正会長の挑戦に対するコミットメントです。柳井会長は、売上高が１００億円のときに３００億円を目指すことをコミットしました。その後も、３００億円のときには１０００億円をコミット、１０００億円のときには３０００億円をコミット、３０００億円のときには１兆円をコミットしています。「できればいいな」ではなく、「必ずやる！」と言い切る姿勢が従業員に大いに刺激を与えているのです。会長のコミットどおりに進まなかったこともありますが、すぐに戦略を変え、軌道修正し、今や売り上げ２兆円を達成しています。

これだけ見ると、お金のコミットだけじゃないかと感じる人もいるかもしれません。コミットの背景にはお役立ちがあります。ファーストリテイリングのミッションは「本当に良い服、今までにない新しい価値を持つ服を創造し、世界中のあらゆる人々に、良い服を着る喜び、幸せ、満足を提供します」であり、まさにお役立ち創造を宣言しています。そして実際に新しい価値を持つ服を創造して大きく役に立っています。

企業トップの例を出しましたが、事業部のトップ、部門のトップ、チームのトップがメンバーに対してお役立ちの内容と成果をコミットし、「必ずやる！」と言い切ったとき、挑戦の価値観の向上が始まります。

（2）心に火をつける「1on1」を行う

今、多くの企業で1on1を取り入れ始めています。1on1とは、上司とメンバーが1対1で対話を行うことです。メンバーの自律性向上や上司・メンバーのコミュニケーションの円滑化等、さまざまな効果が見込まれています。

私の会社にもさまざまな企業から「1on1のレベルを高めたいので力を貸してほしい」という問い合わせが入ります。そこで、実際にどのような1on1をしているか見せてもらうことがあります。すると多くの場合「今月の実績はどうだったの？」「なんでそうなったの、原因は？」「どうやって解決するの？」といった、いわゆる進捗確認の場になっているケースがほとんどです。上司とメンバーで進捗確認をすること自体は悪くありません。必要なことです。しかし、せっかく定期的に1on1の時間を取っているのであれば、「よし、やってやるぞ！」とメンバーの心に火がつく1on1をやるべきです。

人事の仕組みとして、期初に「目標設定の面談」を入れている企業が多く存在します。

まず目標設定の段階で、一人ひとりのお役立ちイメージに沿った話し合いを実施し、ワクワクする目標を1つ以上入れることが大切です。ワクワクする目標が1つでもあれば、常にどうすれば目標を達成できるか、と考え続けるため、挑戦の価値観が維持されます。そして、月に1回程度の1on1では、そのワクワクする目標について語り合うのです。

管理職としては進捗が気になるのは理解できます。しかし、今月も来月もその先もメンバーの意欲的なチャレンジを継続させるのであれば、1on1の半分の時間はワクワクする話をするべきだと思います。

心に火をつける1on1は、意識しているだけではなかなかうまくいきません。トレーニングを行って、具体的なスキルを身につけることが大切です。

(3) 堂々とナンバー1を目指す

大企業のホームページを見ると、多くの企業が社会課題解決を掲げていることが分かります。「環境のために」「豊かな暮らしのために」「子どもたちのために」といった言葉が企業紹介のページに並んでいます。もちろん、お客様のためにということはほぼすべての企業が理念や行動指針で触れています。そのような状況を見ると、企業として業績をグングン高めて、ライバル企業に勝ち、業界ナンバー1になると宣言するのが悪いように思う人もいるようです。実際に若手ビジネスパーソンから「売り上げナンバー1とか言っている会社って、自社都合ですよね」と言われたことがあります。

しかし、私は断言します。企業は堂々と業界ナンバー1を目指してください。ライバル他社に勝つことを常に意識していただきたいです。ライバル企業に勝って業績ナンバー1になることは悪いことではありません。ライバル企業と「お役立ち競争」することで、世の中にもっと大きなお役立ちが提供できるようになるからです。

例えば医薬品メーカー同士は、新しい薬を開発することを競っています。非常に熾烈なライバル争いです。しかし、その競争のおかげでさまざまな医薬品が開発され、結果として多くの命を救っています。

私は、出張が多いのでビジネスホテルによく宿泊しますが、ホテル業界も熾烈なライバル争いを繰り広げています。そのおかげで、無料で朝食を食べられるホテルや、部屋に立派なデスクが設置されているホテルが増えました。以前と比べてとても快適に出張しやすい環境になっています。

いずれにしても、社会やお客様のためにお役立ち創造することと、業界ナンバー1を目指すことは何ら矛盾していません。企業として業績ナンバー1、シェアナンバー1、顧客満足度ナンバー1、どのようなことでも良いのでナンバー1を目指すべきです。その姿勢が、企業内の挑戦の価値観を高めることにつながります。

「協調の価値観」を高めるために

お役立ちの価値観・挑戦の価値観が高ければ、お役立ち創造に向けてチャレンジングな行動が起こります。しかし、個人でできることには限界があります。そのため、協調の価値観を高め、従業員同士そしてチーム同士が連携し、アイデアを出し合うとともに協力して実行に移すことが必要です。私の経験上、日本企業の多くは高い協調の価値観を持っています。

しかし、新型コロナ以降、テレワークが普及したこともあり、協調の価値観が薄れつつある企業が増えているように感じます。そのため、これまで以上に協調の価値観を高める努力をしなければなりません。協調の価値観を高めるための代表的な対策を3点お伝えします。

(1) 部門同士が「本質的に」協調する

協調の価値観が低い企業は、部門同士の協調が弱いという特徴があります。

例えば、営業部門とアフターサービス部門の協調が弱い企業をよく見かけます。アフターサービス部門のエンジニアが客先にメンテナンスで訪問した際に「機器の交換を考えている」といった情報を収集してきたとします。それを営業にメールで知らせますが、営業から特に返信がありません。しばらくしてからアフターサービス部門のエンジニアが同じ客先にメンテナンスに行くと、返信をくれなかった営業が新しい機器を受注していたことを知ります。これにより「こっちが情報をあげたのに、連絡も感謝もない。もう二度と紹介したくない」という感情になり、この企業の営業部門とサービス部門の溝が深まっていきます。

このようなケースは現場同士のコミュニケーション不足もありますが、多くは部門の幹部同士、管理職同士の本質的な協調が薄いというところに原因があります。本質的な協調というのは、お互いの部門の役割を深く認識し、新たな協調の形を築くということです。しかし、実際にはアフターサービス部門から見ると営業は「機器を売る部門」、営業部門から見るとアフターサービス部門は「修理・メンテナンスをする部門」であり、他部門の現在の役割を認識せず、かつての役割のままの認識でいるため、うまく協調できていないケースが散見されます。

そこで必要になるのが、各部門の幹部・管理職が集まってお互いの役割コンセプトを認識し合うということです。数名でグループを組んで「なぜそのコンセプトなのか？」「そのコンセプトになって、以前と何が変わっているのか？」ということをお互いが納得できるまでディスカッションします。

もしかすると、ディスカッションの途中で少々ぶつかり合いが起きるかもしれません。しかし、それくらい本気でやり取りして初めて協調の土台が出来上がります。もちろん、各部門がコンセプトチェンジをして、明確な役割コンセプトを持っていることが前提です。

(2)ミドルマネジメント(課長クラス)のレベルを徹底的に引き上げる

いくら経営層や幹部層が「みんなで協調しよう」「相乗効果を発揮させよう」と訴えかけても、実際に現場で指揮を執っているのは課長クラスの人たちです。部門同士が役割を理解し合うことが大前提ですが、実際に現場のメンバー同士が手を取り合わなければ協調は生まれません。部門間、チーム間、メンバー間が手を取り合い協調するためのハブ機能を果たしているが課長クラスの人たちなのです。

私がお客様のコンサルティングを行う際「課長クラスの動きを変えるのが一番のキーポイントです」とお伝えします。実際に課長の動きが変わると企業全体の動きも一気に変わり、業績向上に結びつくことが多いのです。

かつて課長クラスに対しては、マネジメントの基本、ティーチング、コーチング、PDCAの回し方、人事考課といった、対部下に対するスキルについてのレベルアップばかりを図る企業が大半でした。現在も課長に対してそのようなトレーニングだけを行っている企業もあります。しかし、これだけでは企業内の協調を強化するハブ機能を果たすことはできません。むしろ、自分の課のメンバーだけに意識を集中させてしまい、ハブ機能が弱まるといっても過言ではありません。課長クラスに求めるのは、上下左右に対する働きかけです。

「上」というのは上司である部長クラスです。部長をうまく活用できる課長はハブ機能を果たせます。部長に「〇〇部の△△課と連携したいので、ご協力をお願いします」と働きかけ、部門を超えた連携をうまく行う課長はまさにハブ機能を果たしています。また部内や課内での協調がうまく進むように、部長に提案して積極的に改革を行うことも求められます。非常に真面目で実直な企業ほど、上に対する働きかけが弱いという特徴があり、真面目な一匹狼集団になっている傾向があります。

「下」というのは、部下のことです。部下一人ひとりを育成するのはもちろんのこと、チーム内の協調を高め、チーム自体を成長させる力をつけることが必須です。そのためには、課長自身が組織開発を行う力量が求められます。私の会社が提供するコンサルティングでは課長に対する組織開発を行い、体感してもらい、課長自身でも組織開発をできるようになってもらうことを重視しています。

「左」というのは、他部門や他チームのことです。他部門に対して課長が思い切って働きかけ、合意形成をすることで現場において部門を超えた連携が進んでいきます。例に出した営業部門とアフターサービス部門は、通常違う場所に席があり、別々に仕事をしています。しかし、ある企業では課長同士が話し合い、営業とアフターサービス部門の席を一緒にしてしまいました。部門が違うのに、同じ島に営業とアフターサービスのメンバーを集めたのです。その結果、毎日会話をするようになり、自然と情報連携が生まれ、お客様へのお役立ち創造につながりました。

「右」というのはお客様のことです。課長はプレイングマネージャーであるのがほとんどであり、自身もお客様（社内顧客含む）に対応しています。それに対して「プレイヤー業務があるから、マネジメントが大変」という声を多く聞きます。しかし、課長が単なるマネージャーとしてマネジメントしているだけでは、チームの協調は高まりません。課長がプレイヤーとして熱心にお客様対応しているからこそ、メンバーは同じ目線でディスカッションし、同じ目線で考える仲間と認識します。だからこそチームの協調が高まります。課長は、プレイヤーとしてチーム内でお客様と一番会話し、お客様のことを一番考えている存在でなくてはならず、プレイングマネージャーという立ち位置は、非常に有益なのです。

このように、上下左右へ働きかけることの意味を理解し、実際に行動できている課長を増やすことが企業内の協調の価値観を高めていきます。

（3）企業を挙げてお役立ち創造を推進する

お役立ち創造の動きを、企業を挙げて推進していくことで、協調の価値観を高めます。まず一人ひとりがお役立ちイメージを作成し、それをチーム内で共有することは協調の価値観を高めるために、非常に効果があります。同じ事務所で机を並べて仕事をしていても、実はお互いにどのような経験をしていて、どのような強みがあり、どのようなことを考えているかを知らないものです。そのため、毎日のように会話をしているようで、実は表面的な会話が多いのが実情であり、目の前の案件をどう進めるか、昨日の仕事はどうだったのか、期限内に作業は終わりそうかといった、目先の話ばかりになってしまいます。

しかし、お役立ちイメージを知り、どのような経緯で、誰に対して、どのようなお役立ちをしたいのかを理解し合っていると、お互いを見る目が変わります。人として尊敬できるようになるため、日々の仕事でも「お客様の動きに変化が出てきた」「もっと面白い動きができないか」と、前向きかつ創造的な話が増えてきます。あえてミーティングの場を設けなくても、お役立ち創造を前提にした話が生じるということです。

また、チーム一丸となって徹底的にお客様の問題を考えたり、お役立ちのタネを洗い出したり、ときに侃々諤々とディスカッションすることを通じて話し合う面白さや意見を出し合うことのメリットを認識するようになり、自分から周りに話しかけたり、ディスカッションを持ちかけるメンバーが増えていきます。そのような動きが徐々に協調の価値観を醸成していきます。

そして、最も効果を感じられるのがお役立ち共創サイクルです。チームで考えたアイデアをお客様に思い切ってぶつけてみる。1回、2回ではそうそううまくいきませんので、「どうすればもっとお役に立てるか？」「どうすれば満足してもらえるか？」と、自チームだけでなく他部門や取引先にも働きかけてアイデアを共創します。その結果、お客様との取り組みが決まると関わったすべての人たちで喜び合えるようになります。一緒に喜び、感謝し合い、讃え合うことで協調の価値観が高まっていくのです。

おわりに

この本では「お役立ち」という言葉を繰り返し使いました。社会やお客様のお役に立つ（社会価値を高める・顧客価値を高める）ことで企業は選ばれ続け、発展し、さらにお役に立てるようになるという信念を持ち、私の会社は多くのお客様企業をご支援してきました。

先日、ある企業の社長とご挨拶した際に、「私が若い頃、御社から大きな影響を受けました。特に記憶にあるのは『お役立ち』です。経営にはこの考え方が本当に必要なんです」と言われ、大変嬉しく思いました。

ただ、仕事を通じて役に立てていると実感できている人は多くありません。私は30歳で今の会社に転職してきましたが、それ以前は仕事を通じてお役に立つなどということを考えたこともありませんでした。営業の仕事をしていましたが、日々目の前の仕事に追われ、チームと自分の成果を出すことに精一杯でした。「どうやってお客様に売り込もうか」「どうやって数字をつくろうか」ということばかり考えていたのです。

今のコンサルティングの仕事を始めて間もない頃、先輩コンサルタントが担当しているある企業の営業研修をオブザーブしました。そこで先輩コンサルタントが「営業はお役立ちをする仕事。お客様は役に立つと思ったから契約してくれている。そして売った商品は大いにお客様の役に立っている。だから、もっともっとお役立ちすることを考えましょう」とレクチャーしているのを聞き、衝撃を受けました。もっと早くこの考えを持って仕事をしていればよかったと思いました。

それ以来、一人でも多くのビジネスパーソンが自分の仕事でお役に立てていると誇りを持ち、やりがいを感じながらイキイキと仕事をしてほしいと願い、この仕事を続けています。お役立ちを創造し続ければ、社会やお客様から選ばれ、結果的に業績は向上します。一方で、お役立ちを見失った企業は一時的に業績が高まっても、必ず問題が生じて失墜します。持続可能な経営のためにはお役立ち創造が必須です。ただ、お役立ちは一人では限界があります。アフリカのことわざに「早く行きたいなら一人で行け。遠くへ行きたいならみんなで行け」というものがあります。これまで到達したことがない遠くの場所には、チームでないと行けないのです。

ＤＸやＡＩの進化によって、一人で処理できる仕事の範囲は広がりました。しかし、チーム一丸となって考え抜き、デジタルだけでは答えが出ないお役立ちを創造する。チームみんながお互いの強みや個性を受け入れ、尊重し合っている。そんなチームで毎日を過ごせたら、やりがいを持ってイキイキと仕事ができると思っています。

この本を読んでいただいた皆さんが、今の仕事に誇りを持ち、チームの仲間と手を取り合って、日々やりがいを感じながらお役立ち創造にチャレンジすることを願っています。

最後に、ジェックとお取り組みいただいているお客様、日々お客様へのお役立ちに邁進してくれている社員、そして日々私を支えてくれている家族に感謝を述べたいと思います。

いつもありがとうございます！

参考文献

Amabile, T. M., Conti, R., Coon, H., Lazenby, J., and Herron, M. (1996). Assessing the work environment for creativity. Academy of management journal, 39(5), pp. 1154-1184.

Tuckman, B. W. (1965) "Developmental Sequence in Small Groups", Psychological Bulletin, Vol. 63, No. 6, pp. 384-399.

Tuckman, B. W. and Jensen, M. C.(1977) "Stages of Small-Group Development Revisited", Group and Organization Studies, Vol. 2, No. 4, pp. 419-427.

エン・ジャパン（2024）「20代・30代のビジネスパーソン１２００人に聞いた『仕事を通じた成長実感』意識調査」

SHIN, Hayoung.（2021）「向社会的モチベーション研究レビュー—概念定義と組織行動研究への適用を中心に—」『日本労務学会誌』第21巻第2号、pp. 44-57.

ボストンコンサルティンググループ（2023）「イノベーション企業ランキング」

名和高司（2015）『CSV経営戦略　本業での高収益と、社会の課題を同時に解決する』東洋経済新報社

野村総合研究所（2015）「News Release ２０１５年12月２日～日本の労働人口の49％が人工知能やロボット等で代替可能に」

前野隆司・前野マドカ（2022）『ウェルビーイング』日経文庫

松井達則（まつい たつのり）
株式会社ジェック代表取締役社長。立教大学文学部卒業。立教大学大学院ビジネスデザイン研究科 博士前期課程修了。修士（経営管理学)。アメリカン・エキスプレスでの管理職経験を経て2001年に人材開発コンサルティング会社のジェックに入社。「お役立ち共創コンサルティング」を掲げ、主に営業部門・サービス部門の人材開発・組織開発コンサルティングに従事。これまで、電機、自動車、食品、通信、エネルギー、住宅・不動産等、100社以上のコンサルティングを担当。2018年、コンサルティング部門を統括する取締役に就任。2023年、代表取締役社長に就任。近年は、「独創的な人と組織づくり」をテーマに、経営幹部及び管理職のリーダーシップ開発を数多く担当している。著書に『メモテク』（かんき出版)、『すごい営業の仕事術』（日本実業出版社：共著）がある。

本書についての
ご意見・ご感想はコチラ

「お役立ちの心」でチームが動き出す
価値を創造するチームのつくりかた

2024年9月19日　第1刷発行

著　者　　松井達則
発行人　　久保田貴幸

発行元　　株式会社 幻冬舎メディアコンサルティング
〒151-0051　東京都渋谷区千駄ヶ谷4-9-7
電話　03-5411-6440（編集）

発売元　　株式会社 幻冬舎
〒151-0051　東京都渋谷区千駄ヶ谷4-9-7
電話　03-5411-6222（営業）

印刷・製本　中央精版印刷株式会社
装　丁　　弓田和則

検印廃止

Printed in Japan
ISBN 978-4-344-94789-4 C0034
幻冬舎メディアコンサルティングＨＰ
https://www.gentosha-mc.com/